華僑の奥義

一生お金に困らない
儲けと成功の法則

大城 太
Dai Ohshiro

日本実業出版社

はじめに

　私はこれまで、「華僑」について書籍や連載コラム（日経ビジネスオンライン等）など、さまざまなメディアで紹介してきました。テーマは、お金・起業・中国古典・人心掌握・出世・逆転・コミュニケーション術など、多岐にわたります。

　本書は、その**集大成の一冊**となります。

　華僑の思考法則についてお伝えしてきたことは膨大な量になりますが、「これだけは**絶対に外してはいけない**」というものをまとめて「奥義」としてお伝えしたいと考え、**本書を執筆い**たしました。

　華僑というキーワードは、お金儲けの代名詞として、都市伝説のように使われることもあります。

　筆者の定義する華僑とは、本国中国を離れ、他国に土着して生活を営み、土着した地域でビジネスを行い、成功する人たちのことです。ですから、一時流行語になった「爆買い」する来日中国人や、商社マンのように一時的に他国に駐在している華人は含みません。

　では、華僑とはエリート集団なのでしょうか？

　否、答えは真逆で、本国では通用しない、もしくはなんらかの事情があって祖国を後にした、エリートからは程遠い人たちです。

1

決して恵まれない境遇の彼らが、お金儲けの代名詞になったり、椰子の木が１本あれば華僑が３人いる、と喩えられるくらい世界中で影響力を持つに至ったのには、実は秘密があったのです。

　それが「華僑の奥義」です。

　帰化したり、永住権を取得したとしても、外国人として扱われる機会が多い彼らは、「**勝つ**」ことよりも「**負けない**」こと**を重視**しています。

　勝つのは確率の問題です。もし力の拮抗する当事者が２人いれば、勝つ確率と負ける確率は概ね50％ずつになります。

　勝つことにこだわり、確率の世界で勝負すると、どこかのタイミングで必ず負けてしまうことになるわけです。

　しかし華僑は、最初から勝つことよりも負けないことを重視しているため、確率とは別世界で生活し、結果的に周りが自滅していく中で生き残り、最終的な勝ち組になっていくのです。

　「なんだか、ずるいなあ」と感じた読者の方、正解です。

　華僑たちが使う日本語の中に、「ずるい＝賢い」「賢い＝ずるい」というものがあります。

　わかりやすい勝ち方をして賞賛されることを嫌い、あえて目立つことを避けようとするのが華僑思考なのですが、これは占

いのもととなっている易経や陰陽思想から考えると、当然の行動なのです。

　この**陰陽のポジション取り、考え方についても、ここだけは押さえておいてほしいと思う点を、本文で紹介**しています。

　私も華僑の師と出会うまでは、負けない思考・陰陽のポジションの意味をまったく知りませんでした。

　そのため、できれば勝ちたい、あわよくば賞賛されたいと願い、結果として負けることも多く、たまに勝ったときには足を引っ張られるなど、多大なる損をし続けました。

　「自分の人生、こんなものか。うまくいく人はやっぱり違う」と、人生を半ば諦めかけていました。

　しかし、華僑の師の教えを実践することにより、ダメダメだったサラリーマン生活から抜け出し、現在は国内外６社の企業オーナーとして、現在はセミリタイア生活を満喫しています。

　今は起業家の筆者ですが、もし私がサラリーマン時代に、これらの奥義を知っていたなら、出世街道まっしぐらな姿を想像することができます。

　本書は、日本のすべての社会人の方に向けて書きました。

　起業を志す人、経営者でうまく事業を回していきたい人、会社でうまく立ち振る舞い希望するポジションにつきたい人、子

育てに苦労したくない人、本当の友達と呼べる仲間が欲しい人、あらゆる場面で応用ができる秘伝の書です。

情報洪水の中、ストレス社会と言われ、政府も見かねて働き方改革などを政策として打ち出しています。

ただ、そうした政策や施策が効果を上げるかどうかは、所属する企業や業界によってバラツキがあり、さまざまな問題が解消されるかどうかは未知数です。

大声で笑い、大声で話す華僑たちは、見方によってはマナーが悪い人にも見えます。

でも、心の底から笑い、心の底から言いたいことを言える、そんなストレスとは無縁な生活に憧れる人は多いのではないでしょうか？

本書を読んで、現在の自分の思考法に彼らの考え方を取り入れれば、そうした生活にどんどん近づくことができると信じています。

2019年5月1日に、元号が平成から「令和」に変わりました。

令和の出典は万葉集であり、国書から元号が採用されるのは史上初です。

従来の元号はすべて漢書から採用されていました。出典の回数は、『書経』36回、『易経』27回、『文選』25回、『後漢書』24回、『漢書』21回、『晋書・旧唐書』16回、『詩経』15回、『史記』

13回、『芸文類聚』9回とのことです。

　これは何を意味するのでしょうか。そうです、日本のトップ層は太古の昔より、華人の技を見抜き、それを採用して国家を統治してきたのです。

　日本のトップ層が独占してきた叡智を本書から学んでいただき、素晴らしい人生を送っていただきたいと切に願っております。

　日本と読者の方の素晴らしい未来を願って。

　2019年5月

　　　　　　　　　　　　　　　　　　　　　　　大城　太

もくじ　華僑の奥義
　　　　一生お金に困らない儲けと成功の法則

はじめに

第1章　money

華僑流・お金が増える
「お金」の使い方

01 貸すより「借り」を作れ　　　　　　　　　16
02 「損切り」でスピードを出す　　　　　　　18
03 買い物はお金を生むかどうか　　　　　　　20
04 ご褒美は自分を退化させる　　　　　　　　21
05 銭及身外之物、生不帯来死不帯去　　　　　23
06 堂々とお金にこだわっていい　　　　　　　24
07 お金には糸がある　　　　　　　　　　　　26
08 お金の貸し借りはスマート　　　　　　　　27
09 値切ることで上客になる　　　　　　　　　28
10 部下がおごるのは当たり前　　　　　　　　30
11 割り勘は下品　　　　　　　　　　　　　　32
12 気をつかわず、お金を使え　　　　　　　　33
13 華僑式ニッパチの法則　　　　　　　　　　34
14 教育こそ投資　　　　　　　　　　　　　　35
15 お金の失敗でお金に強くなる　　　　　　　37

16	「借金」の考え方	38
17	借入＝投資である	39
18	華僑は利益計算式が違う	40
19	大道至簡	42
20	義と利はセットで最強	43
21	お金が腐るのが銀行預金	44

第2章

work style

すべてを「プラス」に変える 仕事術

01	ダブルブッキングは歓迎	46
02	努力していないのにできる	47
03	できない人は能力アップを目指すな	48
04	好きを仕事にしように騙されるな	49
05	できる人は砂場のイメージで動く	50
06	前例で安心を与える	51
07	自分で言わずに人に言わせる	52
08	生産性＝成果÷投入資源	53
09	マルチタスクの意味	54
10	短所を直すと長所が消える	55
11	順調じゃなければ、成長している	56
12	「仕方がない」は前向き発言	57
13	部分で落ち込むのは無意味	58

14	面倒くさいは儲かる	59
15	無責任な人はいつもハッピー	60
16	トラブルが起きた日は祝杯	61
17	ライバルには借りを作ろう	62
18	お先にどうぞ、で利益倍増	63
19	活躍している人は操られている	64
20	詐欺師とも友達になる	65
21	今だからこそ根回しが有効	66
22	朝令暮改は正しい	67
23	部下の功績は奪わない	68
24	作業≠仕事、雑用≠作業	69
25	ライバルをつぶす一言	70
26	つぶさないなら蛇よけに	71
27	減らすほど抜きん出る	72

第 **3** 章

way of thinking

 成功を引き寄せる
「考え方」の法則

01	余裕があればいいことずくめ	74
02	長短思考の二刀流は強い	76
03	興味のない人からのほうが学べる	77
04	華僑は落ち込まない	80
05	条件は整わない	82

06	ルールを知らないとバカをみる	83
07	協調はジリ貧になる	85
08	人算不如天算	86
09	在哪里跌倒、从哪里站起来	87
10	変化してもかまわない	88
11	厚顔無恥が富を引き寄せる	89
12	エリートからは逃げる	91
13	「ずるい」は褒め言葉	93
14	英雄を見間違うと失敗する	94
15	資本がないなら「知本」で勝負	95
16	天時不如地利、地利不如人和	96
17	上有政策、下有対策	97
18	危険いっぱいの1等賞	98
19	陰陽を理解すれば楽勝	99
20	普通を敬遠する別の理由	101
21	奇跡は誰にでも回ってくる	102
22	手段と目的を混同すると迷う	103
23	成功者の真似は安上がり	104
24	温故知新の次の言葉を知る	105
25	見上げると出世できない	106
26	信用しているよ、は余計な一言	107
27	知恵にも上下がある	108
28	心の変化は外に表われる	109
29	豹変とは本来良い意味	110
30	時には目を閉じ耳を塞ぐ	111
31	剛柔どっちを選ぶべきか	112

32 中国と日本の漢字の違い　　　　　　　　113
33 考える習慣は強い　　　　　　　　　　114
34 利他で利益を最大化できる　　　　　　115
35 科学的根拠を信用しない　　　　　　　116
36 非常識を恐れない　　　　　　　　　　117
37 伝えて利益を取る　　　　　　　　　　118
38 相手の理＝自分の利　　　　　　　　　119
39 失敗アピールで感謝される　　　　　　120
40 選択肢は無限にある　　　　　　　　　121
41 明日はないから今日を楽しむ　　　　　122

第4章　action principle

 確実に「成果」をあげる
非常識な行動ルール

01 目を見て話すと騙される　　　　　　　124
02 普通のものを買わない　　　　　　　　126
03 競争せずに出世する　　　　　　　　　128
04 進んで奴隷になる　　　　　　　　　　129
05 順番待ちは生存能力を下げる　　　　　130
06 「忙しい」は無能アピール　　　　　　131
07 話を盛ることで成長できる　　　　　　132
08 タダ働きは儲けの泉　　　　　　　　　133
09 まずはなんでも受け入れる　　　　　　134

10	無言の圧力で制する	136
11	凡人の「なぜ」は無意味	137
12	「なぜ」と言わせて優位に立つ	138
13	受けた質問はみんなに返す	139
14	恩売り体質で恨まれなくなる	140
15	あなたの応援団になる	141
16	自慢はセット販売	142
17	「しょうもないこと」が大事	143
18	人望を得て、人気を減らす	145
19	「信賞必罰」を機能させる法	146
20	効率≠効果	147
21	矛盾したことを言うのは自由	148
22	休むことに損も得もない	149
23	知ったことは胸にしまっておく	150
24	準備万端が本番力を下げる	151

第5章　communication

逆転発想でうまくいく
「人」との付き合い方

01	できない人を大切にする	154
02	一流への投資は見返りが少ない	156
03	交友関係は広める前に固める	157
04	相手の都合を考えない	159

05 後院失火	160
06 メリットのない付き合いも歓迎	162
07 嫌われ者の近くはメリット	163
08 いつものお店に行かない	164
09 「大義名分」操縦法	166
10 どんどん人に使われる	167
11 立候補したければ推薦する	168
12 付き合う相手はメリットで決める	169
13 人付き合いの極意	170
14 お見合い期間が大切	171
15 賢いウサギは三つ穴を掘る	172
16 友人にはあらゆることを話す	174
17 人後紹介してもらう	175
18 「嫌い」は自分にないもの	177
19 できる範囲でやるのがスマート	178
20 投資先は人	179
21 おいしいのは好かれず嫌われず	180
22 隠し事がなくなる秘密ワード	181
23 悪口は弱みの自己宣伝	182
24 好きなことは隠す	183
25 腹を割って話そうでハメる	184
26 「類友」判断は正しい	185
27 明哲保身	186
28 悪人に気に入られない	187
29 うるさい人は間接褒め殺し	188
30 名もなき人には名を	189

31 センスより性格	190
32 お節介なアドバイスはしない	191
33 ドロボウは極悪人か？	192
34 気が合う人より大丈夫な人	193
35 心急吃不了熱豆腐	194
36 強力なのは困ってから返答	195
37 グレーゾーンが人間の器	196
38 「あなたは」から話す	197
39 相手を見破る会話法	198
40 和して同ぜずで疲れ知らず	199

 not lose

 「負けない」ために
密かに考えていること

01 充実していないことを喜ぶ	202
02 長期的に考えて勝つ	203
03 キーパーソンより伏兵	204
04 出向いて油断を誘う	206
05 ルールがあればつぶす	207
06 弱い相手ほど要注意	208
07 愛する人が勝つ	209
08 振り子の法則で操る	210
09 トレンドの逆は狙い目	211

10	議論には負ける	212
11	勝てなければ楽しもう	213
12	浅・浮・薄・軽を戒めて勝つ	214
13	デメリットがあればチャンス	215
14	勝った気にさせたほうが勝つ	216

おわりに

装丁／重原隆
組版／一企画

第 1 章

華僑流・お金が増える「お金」の使い方

01

money

貸すより「借り」を作れ

借りを返すことで関係を作る。

　どんなことであっても、貸しや借りを作るのを嫌がる人は大勢います。ですが、貸し借りをしないのは、人間関係の継続ということを考えた場合、非常に損をしています。

　貸し借りなし、というのはある意味対等な状態ではありますが、対等ゆえになんらかの用事・用件が発生しない限り、接触する理由もないことになります。

　接触機会がないのは、豊かな人生を満喫する要素を減らすばかりか、良好な人間関係の妨げにもなります。なぜならそこには必要最低限のコミュニケーションすら発生しないからです。

　日本は割り勘文化なので、貸しを作れば有利な立場になれると考えて、貸しを作ろうとする人はいるでしょう。

　ですが、もう一歩踏み込むと、**自分よりもレベルの高い人たちとの付き合いを求めるなら、「借りを作る」のが最適**なのです。華僑たちは、何かと自分よりもレベルの高い人にお願いごとをして「借り」を作っています。

　普通に考えればわかることですが、自分よりもレベルの高い人に「貸し」を作るのは、簡単ではありません。

16

第1章　華僑流・お金が増える「お金」の使い方

　ですが、「借り」を作るのは簡単です。できないことや、やれないことをお願いしたり、頼ったりすればいいだけです。

　ただし、それだけで終わってしまうと、ただの「くれくれ君」になってしまい、最悪の場合は嫌われて終わり、となりかねません。

　では、この「借り」を華僑は何を意図して作っているのでしょうか？　それは、**「返す」口実を作る**ためです。

　小さなことであれば、だれもが貸し借りを経験しているでしょう。借りたほうは忘れてしまうことも多いですが、貸した人はずっと覚えています。それは古今東西、同じでしょう。

　この借りを返すのを忘れる人が多い、という性質を利用するのです。借りている相手は自分よりもレベルの高い人ですから、当然、その借りを一度に返すことはできません。それは百も承知で借りを作るのです。

　「前回、○○の件では大変お世話になりました。○○の件が10とすると、今回の私のこれは1です。あと9回お返しにまいりますので、お待ちください」

　これを3回、4回と繰り返すと、相手は自分が貸しているにもかかわらず申し訳ない気分になり、「この人のためにもっとしてあげたい。なぜなら、とても律儀な人だから」となります。

　自分は借りているにもかかわらず、律儀と思われ、思わぬチャンスが舞い込んでくる可能性も広がります。

　気にせず、どんどん借りを作りましょう。

　そのときは、返すのを忘れずに。一度に返せなくてもいいと考えれば、気軽に借りられるのではないでしょうか？

17

02

money

「損切り」でスピードを出す

早い決断が次の行動をうながす。

　金融投資の世界に「利食い損切り」という言葉があります。

　利益が出ると、もっと利益を出そうとして利益確定が遅くなり、結局、取れるはずの利益が取れなかった…。

　損が出ているので放置していたら、さらに損を膨らませてしまった…。これらを戒める言葉として使われています。

　日本人の多くは、「損切り」が苦手と言われます。

　スピードを何よりも優先する華僑は、損切りの判断も非常に速く行います。

　投資の世界では、損切りは次の投資へ進むために損をしてでも早く換金をして別口への投資資金とするという意味で使われますが、華僑たちの損切りは投資に限った話ではありません。

　英中辞典に「mentsu」という言葉が出てくるくらい、華人たちは何よりも「メンツ」（面子）を大切に考えています。

　相手のメンツをつぶせば、あらゆる危険性を考えなければならない状況になってしまいます。

　ちょっとした貸し借りなどをして、もし返ってこないとわかれば、それはもうあげたものとしよう、とすぐに頭を切り替え

18

ます。

　個人同士でも頻繁にお金の貸し借りをする華僑は、損切りを想定して、借用書などは作りません。

　人は生まれも育ちも職業も違い、持っているお金は平等ではありません。ですが、1日24時間という「時間」は唯一、お金持ちにも一般人にも平等に与えられたものです。

　この唯一平等のものを華僑はチャンスと捉えています。

　日本でもお金で時間を買う、といって外注を使ったり、グリーン車やビジネスクラスで移動して、疲れをためずにすぐに仕事に取りかかれるようにしている人は多くいます。

　その反対が、**「時間でお金を買う」**です。

　旅費出張費を節約するためホテルに泊まらずに、サウナで一夜を過ごし、数千円を自分のお小遣いにしてしまうのはこれに当たるでしょう。

　また例えば、ブログに格好いい写真を投稿するために画像編集ソフトとミラーレス一眼カメラを買ったものの、使い方がよくわからない。でも使わないともったいないので、無理して使っているなども、時間でお金を買っている考え方で、損切りができていません。

　使い勝手が悪ければ、オークションなどで売ってしまい、使える人に使ってもらえばいいのです。こうした損切りができないと、使いにくいというストレスと、使わないともったいないという意識を感じ続けることになってしまいます。

　この例で言えば、使い慣れたスマホのカメラに戻すことで、スッキリとした気分を味わえ、次へ進んでいく糧となるのです。

03

money

買い物はお金を生むかどうか

ネタになれば「買い」。

　浪費と投資の違いを考えましょう、と昔から言われます。

　ですが、買い物をするときに、いちいちこれは投資だろうか、浪費だろうか、と考えていては楽しい買い物も台無しです。

　華僑の基準は、ハッキリしています。

　「それがお金を生むかどうか」を意識して買い物を楽しんでいるのです。

　例えば、新しいタブレット端末が出たとします。これを購入するのは浪費でしょうか？　それとも投資でしょうか？

　すぐに答えられなければ、浪費です。

　ビジネスに使うかどうかは関係ないのです。

　新しいタブレットを買った。とても画像が綺麗で、それを使って写真を撮るとみんなが楽しめる。これはお金を生み出しているのと同等です。

　そのタブレットの使い勝手が非常に悪かった。それをビジネスやプラベートでネタとして話すと、コミュニケーションというお金を生む行為の元となっているので、十分に投資と判断してもいいのです。

　この方法は衣服を買ったり新しい飲食店に入ってみるときにも使えます。要はネタになれば、買いなのです。

20

第1章　華僑流・お金が増える「お金」の使い方

04

money

ご褒美は自分を退化させる

体験を購入するなら、ご褒美もあり。

「おひとり様」ブームです。

頑張った自分へのご褒美に高級ホテルに泊まったり、贅沢な海外旅行など大きなお金がかかることをしたり、エステやスパなどあまりお金はかからなくても、普段は絶対にしないようなお金の使い方をすることがあります。

華僑は、自分へのご褒美はご法度と言います。

ご法度と言いながら、お金持ちになる前の華僑も５つ星ホテルに泊まったり、高級レストランを使っています。そんな彼らの言い分は、「お金持ちになってからの立ち居振る舞いの練習と、どんな人がいるかのリサーチをしに行っている」です。

ケチはダメで、節約志向の彼らは、売り手側の常套文句である「ご褒美にピッタリ」などの甘言に騙されません。

目的はただ一つ、体験を購入しているのです。

体験を購入しているので、彼らが贅沢を楽しんでもハイテンションになることはありません。

あなたもそのような光景を見たことがあるのではないでしょ

21

うか？　中国人と思しき若いカップルが無表情で贅沢な場所にいるのを。

　ご褒美は百害あって一利なしです。

　ご褒美と言ったり、思っている時点で、自分には似つかわしくないコト、モノであると脳が認識してしまうのです。

　ここでは脳科学については詳しく述べませんが、脳科学的にも証明されていることなのです。

　華僑は、自分にしてはちょっと贅沢かなという買い物も、「欲しい」という動機で購入することはありません。

　高額商品の売り込み方、アップセルやクロスセルの実演を体験するために、あえて買ってみるということをしているのです。

　このような高額商品の買い物風景は、多くの人が見たことがあるでしょう。一時、マスコミを賑わせた「爆買い」。

　日本のクオリティの高い接客を学ぼうと、本国の富裕層が買ってみてサービスを体験し、それを自社に生かそうと学んでいたのです。

　なので彼らは淡々と飄々と、数百万円分、時には数千万円分の紙袋を下げて、日本中で買い物をしまくっていたのです。

　ご褒美は自分を退化させる敵、ということを覚えておきましょう。

第1章　華僑流・お金が増える「お金」の使い方

05

money

銭及身外之物、生不帯来死不帯去

節約とケチは、まったく違う。

　タイトルの言葉は、お金儲けの代名詞のような華僑の言葉なのか？　と思わず疑ってしまうような意味です。

　「お金は自分の身体以外の物、生まれたときには持っていないもので、死ぬときには持っていけない」

　お金儲けに邁進する華僑たちですが、お金をツールとして捉え、お金そのものには執着していないことの表われです。

　追えば逃げられる、逃げれば追いかけてくる、これは何事にも当てはまるのです。

　お金に執着している人がお金で幸せにならないのは、想像に難くないでしょう。

　そんな彼らが異口同音に言うのは**「節約はいいけど、ケチはダメ」**です。

　幸せな人生を送るため、メンツ（自分はもとより家族や友人、仲間）のためにお金儲けに精を出すのです。

　友達にご飯をおごれないのは、ケチです。

　自分でおにぎりを作ってお昼代を浮かせるのは節約です。

　節約とケチの違いがわかる人が、お金とそれで買える物すべてを手に入れることができるのです。

23

06

money

堂々とお金にこだわっていい

お金のことを口に出さないと回ってこない。

「金は天下の回りもの」という表現があります。

これは華僑の世界でも同じで、お金は天下の回りものとして見られています。

ですが、ニュアンスは少し違うように感じます。

日本人がお金は天下の回りものと表現するときは、無駄遣いするときの言い訳に使われることが多いように感じます。

「お金はヒトからヒトへ回り、いずれ自分にも回ってくるもの」という意味合いで使われていますね。

華僑の「天下」は、日本人のそれとはちょっと違います。華僑が天下という言葉を使うときは、自分の尊敬する人を含めた仲間たちのことを指します。

ゼロから這い上がろうと異国の地でスタートしている華僑たちの命題の一つに、どれだけ天下を広げられるか、があります。

要するに、**いかにたくさんの仲間、友達と出会うことができるか、を非常に大切に考えています。**

仲間同士でお金を回そうと考えている彼らは、知り合いの店を使い、紹介された会社と取引し、友人と飲みに行けば、我先にと「ここは自分がおごる」と言って、お金を出そうとします。

24

第1章　華僑流・お金が増える「お金」の使い方

　資本主義社会で生きていくためには、命の次に大切なお金です。そんな大切なお金を個人主義者の華人が我先にと出そうとするのは、覚悟や友愛を伝える手段と考えているからなのです。

　現に私たち日本人にとっても、お金を出すかどうかは、本気度とかなり高い相関性があるのではないでしょうか？

　本気度が低いものにお金を出したがる人はいないでしょう。

　それほど大きなお金でなくとも、それが積み重なれば覚悟や友愛が相手に伝わるというのは、日本人の感覚で考えてもあながち間違いではないでしょう。

　いつも自分が出してばかりだと損をする、と考える向きもあるでしょう。

　そんなときは遠慮せず、「このあいだは私が出したのだから、今日はあなたが出してくださいね」と言っても恥ずかしいことではないのです。

　想像してみてください。「ここは私が出す、次はあなたが出してね」と言い合える関係は、悪くない関係のはずです。

　堂々とお金にこだわって話してもいいのです。

　お金はスピリチュアルなものではありません。実際に流通しているものですから、真面目にしてさえいれば自分の元に回ってくるわけではないのです。

　試しにラーメン屋さんで味噌ラーメンが欲しいと心の中で願いながら、口では「醤油ラーメン」と注文してみてください、醤油ラーメンが運ばれてくるはずです。

　大切なお金だからこそ、きっちりと口に出す習慣が大切なのです。

07

money

お金には糸がある

蜘蛛の巣ができるのが見えますか？

　お金から「糸」が出ているのが見えるでしょうか？

　何やらスピリチュアルな話のように聞こえますが、お金儲け
が得意な華僑たちは、お金からは糸が出ていると言います。

　例えば、人と会って喫茶店に入り千円を払ったとします。

　お金そのものが好きな人は、お金から出ている糸が見えませ
んので、ただ財布から千円が消えたということになります。

　ですが、糸が見えている華僑にすると、そのお金は消えてい
ません。お金は、自分の財布から友人を介して糸でつながれた
ままお店に移動しただけと考えます。

　この感覚で、身近な人や知っている人と一緒にどんどんお金
を使ったらどうなるでしょうか？

　**蜘蛛の巣を張り巡らせたように、自分を中心としてお金の縄
張りができあがる**のです。

　その範囲を広げていきながら（交友関係を広げながら）、定
期的に巡回すれば（同じ人とまた会えば）、隙間のない大きな
蜘蛛の巣を張り巡らせていくことになります。

　そこにはたくさんのお金が貯まると同時に、そこを通ったチ
ャンスを難なくゲットできる体質になっていくのです。

　お金は使えば増える、と彼らは笑っています。

26

第1章　華僑流・お金が増える「お金」の使い方

08
money

お金の貸し借りはスマート
想像力の欠如がお金をいやらしくする。

お金の貸し借りは、とてもスマートな付き合い方です。

日本人に多いのは、「私はお金に執着がありません」という
タイプの人です。

試しにこういう人には、「私が必要になって100万円を貸して
くれ、と言ったら迷わず貸してくれる？」と尋ねてみます。

「当たり前じゃないか」という人は、間違いなく想像力が欠
如しています。

100万円の重みを知らない人だと思っていいでしょう。

そんな人に限って、お金を手にしたときの執着はすごいもの
があります。

付き合ってもいい人は、「その見返りは何？」と聞く人です。

見返りを求めるのは悪いことではありません。

貸し借りをすることによって、循環するのです。

見返りを求めるのは、その循環を止めないための知恵なので
す。

知恵者は、「それに対する私のメリットは何？」と聞いてき
ます。

27

09

money

値切ることで上客になる

お店の人は値切る人がお金持ちだと知っている。

　値切るなんて、スマートじゃないし、お店の人に嫌がられると考えている人は多くいます。

　ですが、**買い物上手な華僑は、店が値切ってもらいたいことを知っています。**

　百貨店などは値切れないと思われていますが、上客ばかりを相手にしている外商部では当たり前のように値引き販売をしています。

　日本人の常識に反すると感じるかもしれませんが、日本の百貨店でもブランドショップでも、値切ってくるのはお金を持っている人だ、と認識しているのです。

　ビジネスは継続が命ですので、単発で買ってくれる人よりも、長く店に通ってくれる人を大切にしようという心理が働きます。

　先日、ある華僑の友人と買い物に行きました。彼はスーツからカバン、財布、時計、アクセサリーまで次から次へと試着を希望し、多くの商品を見ました。

　さんざん見た挙句、彼は一言だけ値切りました。

　「今日はもう時間がなくなってしまいました。全部いい品で

欲しいんだけど、選ぶ時間がない。でもこれだけはすぐに使いたい。少し安くなりますか？」

　と言って尋ねたのは名刺入れでした。私はどうなるか興味津々でしたが、「かしこまりました、では10％でいかがでしょうか？」という返答でした。

　彼は名刺入れしか買いませんでしたが、出してもらったすべての商品を即金で買えるだけのお金持ちです。

　彼の交渉術も見事ですが、その彼が上客になるであろうと見抜いた店員さんも見事です。

　値切り交渉を彼に教わった私は一人で実践してみることにしました。後のネタに面白いだろうということで時計店でやることにしました。

　初めて入ったそのお店で一通り時計を見せてもらった後、「4本まとめて買うので、安くなりますか？」と訪ねてみました。

　華僑流あっぱれです。

　「かしこまりました。20％お値引きさせていただきます。今後は大城様は、全商品20％引きとさせていただきますので、またのご来店をお待ちしております」となったのです。

　この時計店を友人たちに口コミしたのは、言うまでもありません。

　堂々と値切ることで、どんどんお店の人と仲良くなれるのです。ただし冷やかしで値切ることはやめておきましょう。お金は残っても金運から見放されることになります。

10

money

部下がおごるのは当たり前

貴重な話や経験にお金を払う。

　日本では、食事に行ったときでも、上司（目上）が部下（目下）よりも多めに支払ったり、おごったりすることはごく当たり前に行われています。

　一方、**華僑社会では、また本国の中国においても、部下が支払いを済ませ、上司には払わせないのがスタンダード**です。

　年功序列で部下のほうが上司よりも給与もボーナスの額も少ないため、上司が払うようなイメージを持ちがちですが、それは食事中の会話や中身が空疎になっている証拠です。

　確かに同じものを食べていますが、食事中に交わされる会話において、年上や目上である上司の貴重な経験に基づく話を聞けるのです。

　華僑たちは、この貴重な話に感謝と期待を込めて、会計を済ませます。

　上司に払わせようものなら、メンツが立たない状況になってしまいます。

　日本の管理職から見れば、非常に羨ましい光景でしょう。

　ですが、考えてみれば当たり前の話で、年功序列色が強いといっても、上役になるほど冠婚葬祭への出席が多くなります。

子弟が大きくなってくれば教育費の負担が増えます。今時ですと親の介護費用などもかかり、若い人のほうが自由にできるお金は多いと考えてもおかしくはありません。

　この**華僑流の会計術は、出世欲がある人にはもってこいの技**でもあります。

　気になった上司や取り入りたい上役がいた場合、食事に招待し、ご馳走すればいいのです。

　会計時には、「貴重なお話をいただきましたので、ここは私が会計を済ませておきました。また、よろしければこのような機会を定期的に持っていただけますとありがたく思います」とやれば、相手の懐に負担をかけないばかりか、出すのを覚悟していた上司は、非常に感心するでしょう。

　感心した人の中には、自分の行きつけの店に連れていってくれる人がいるかもしれません。狙いを定めた人の行きつけの店にたどり着ければ、取り入り作戦も半分以上成功したことになります。

　誰しも行きつけのお店ではリラックスし、普段は言わない愚痴や弱点を話す可能性もあります。

　そこには上り詰めるためのチャンスがゴロゴロ転がっていると考えていいでしょう。

　華僑の師匠との関係を10年以上続けている私は、今でも会計は私が出すようにしています。

　修行時代はサラリーマンを辞めたばかりで財布には非常に痛い出費でしたが、今の生活を考えると、その投資がどれだけのリターンとして返ってきたのかは、想像を絶するほど大きいものとなっています。

11

money

割り勘は下品

会計のときだけお金の話をするのは不自然。

　日本人はおおっぴらにはお金の話をしませんが、資産運用や投資、副業などをしている人や興味を持っている人は相当数にのぼるでしょう。

　華僑は、子供の頃から当たり前のように家族や友人とお金の話をします。

　友人との食事ともなれば、お金儲けや投資の話で大盛り上がりです。世の中の流行の話でも、その中にお金儲けのチャンスを見出そうとしますし、誰かの噂話をするとしても、どのようなビジネスを行って利益を出しているかといった話ばかりしています。

　食事が終わったら、今日はいい話を聞かせてもらったので、ここは私が会計を持つことにしよう、わかった、で会計はすぐに終わります。

　日本人の場合は、会計になると計算が始まります。一人いくらいくら、と。

　食事中にお金の話をしようとしないのに、会計のときだけ割り勘の話をするというのは、多く出すのは損だ、という考えの表われです。その姿を見て、華僑たちは日本人はお金に対して下品だね、とうそぶいて憚りません。

第1章　華僑流・お金が増える「お金」の使い方

12

money

気をつかわず、お金を使え

お金を使う「経験」はビジネスでいう「仕入れ」。

　気づかいと聞くと、何か立派なことをしているような気分になりますが、相手に貢献できるのであれば、気をつかう必要はまったくありません。

　逆に気づかいばかりしていると本番で疲れてしまうばかりか、「早く本題を伝えて帰ってほしい」と思われているのに気づかない人になってしまいます。

　気をつかわずに、お金を使って経験を買う、が正解です。

　気をつかうのは、相手に失礼があってはいけないと考えるからです。相手に失礼にあたるような場面は、相手と自分の身分が不相応な場面です。でも、そんなときはミスや粗相をしてもいいのです。その代わり、お金をしっかりと使いましょう。

　例えば、慣れない料亭での会食のときに気をつかってばかりいると、料理が美味しくいただけないばかりか、慣れた人にとっても雰囲気が台無しです。

　経験は無料ではできません。経験はビジネスで言うところの仕入れなのです。仕入れの概念がない人はお金を使わずに、気をつかいます。

　お金を使って経験という名の仕入れをし、それを加工して売るのが社会人としてのマナーです。

33

13

money

華僑式ニッパチの法則

人を儲けさせれば、結局自分がトク。

10儲かったら8を周りに分配し、自分は2だけ取る。

これはケチと思われたくないからではなく、儲け続けたいからです。

相手を儲けさせれば、必ず次の機会にも声がかかります。

そんなタネをたくさんのところに蒔いておけば、結局は自分が一番儲かることになります。

たくさんの人を動かそうと思えば、たくさんのお金が必要だと考える人は多くいますが、そんなことはありません。

金額ではなく、割合なのです。

常に自分が2、というポジションを取ることができれば、誰もがあなたと組みたいと申し出てくるでしょう。

あなたが2、相手が8。

5人と組むことができれば、あなたが10になり一番儲かったことになるのです。

また、ポートフォリオ的に考えてもリスクを分散できているあなたは、安全地帯にいることにもなるのです。

第1章　華僑流・お金が増える「お金」の使い方

14
money

教育こそ投資
回収できるどうかで教育を考える。

　教育をするというと、それは相手のため、と思うのはノーマルな考え方です。

　商魂民族の華僑は、教育の場面でもその商魂を発揮します。

　家庭内で子供に教育を受けさせるのも、会社内で社員教育を行うのも、教育を受ける本人のためにやるものと決めてかかるのは危険です。

　高度成長期の日本も松下幸之助翁や田中角栄元総理など、社会で活躍した人ほど早いうちに仕事に就いています。

　このような日本の立志伝中の人には、自発的に学習はするが高等教育は受けていない、という共通点があります。高学歴が大事なのではないのです。

　華僑は教育を投資として考えているので、我が子にも部下にも教育熱心です。

　教育熱心だからといって、我が子を高学歴にしようとしたり、部下にMBAを取らせるようなことはしません。

　あくまで投資が回収できるかどうかを、判断基準にしています。

35

ある華僑は自分の子弟が難関国立大学の工学部に合格したのに、これからの日本の高齢化社会に薬は絶対に必要だとの判断から、私大の薬学部に進学させました。

　薬剤師になっておけば、就職活動もさることながら、資格を生かして独立起業し、薬局チェーンやドラッグストアを開けるなど、お金儲けの選択肢が広がるだろうとの考えからです。

　また別の華僑は、若い部下に財務担当責任者を命じました。

　本来、財務担当責任者は会社のお金を預かる重要な役職ですから、ある程度の経験がある人に任せるのが妥当です。

　しかし、若い部下に任せることによって、社内での新陳代謝の促進を狙い、見事的中させました。

　若いと社内での縦横のつながりが狭く浅いので、無駄な経費を見抜き、確実に会社の利益に貢献している事業部へのお金の割り振りを気兼ねなく実行できたのです。

第1章　華僑流・お金が増える「お金」の使い方

15
money

お金の失敗でお金に強くなる
失敗していないのは免疫力がないのと同じ。

　お金の失敗を隠す人は多いです。

　華僑は、お金の失敗をどんどん人に話します。

　お金でミスや失敗をした人を見ると避ける人は少なくありませんが、それは自分はお金に免疫がありません、と世間にアピールしているようなものです。

　免疫は何事においても、とても重要なものです。

　免疫がないことの悲喜劇でよく話題に上るのが、中年男性の女遊びです。これなどは若い頃に真面目（？）に生きてきて、異性との距離感の免疫がないことが原因です。

　お金の失敗は、大事なもの（お金）の喪失への免疫がある証明です。

　お金で失敗したことがなければ、失敗を避ける方法を知らないことになります。

　苦労は買ってでもしろ、という言葉がありますが、華僑流ではお金の失敗は喜んで出せ、となります。

37

16

money

「借金」の考え方

借入は信用の証。貸せる人が真の友人。

「俺は10億だ」「私は25億よ」「でもあの人50億らしいよ」

これは売上自慢の話ではありません。

借入金の額を競い合う会話です。

経理に詳しい人ならわかると思いますが、会社の売上というものは計上の仕方で、いくらでも見栄えをよくすることができます。

ですが、借入となると話は別です。

信用がないと借入は成立しません。身近な人や銀行から多くのお金を借りている人は、信用度が高い人なのです。

知り合いにお金の工面を頼まれたときに、それに即答で「いいよ」と言えないなら、その人は友達ではありません。今後その人に対して時間を使う優先度を下げてもいいでしょう。

お金の貸し借りが発生するのはチャンスのときか、イザというときです。

チャンスのときやイザというときに手を差し伸べないのは、友達とは言えません。

「私はお金の貸し借りだけはしないと決めています」という人は、お金が単なるツールであることを忘れて、お金にこだわっている人である証です。

第1章　華僑流・お金が増える「お金」の使い方

17
money

借入＝投資である

将来の利益があるのなら、借り入れても大丈夫。

　華僑のビジネスモデルは『華僑の起業ノート』（日本実業出版社）で詳しく説明していますので詳細は省きますが、お金を出す人と、アイデアを出す人と、作業する人の三者が分担してビジネスを組み立てていきます。そのため、多くの成り上がり華僑は自分のお金を使っていません。

　日本で言うところの借入を投資金として使います。

　借入は、日本ではどことなく悪いもののように感じる人が多いですが、**借入は単に将来の利益見込みを先に金融機関や投資家から集めているだけ**、という感覚です。

　お金を借りるときにはさまざまな担保を提供します。事業プランという担保、個人の資産という担保、会社での実績という担保、学校成績という担保。

　担保というと不動産を押さえられ、身ぐるみ剝がされるようなイメージがありますが、命よりもメンツのほうが大切な華人はまったく気にしていません。

　信用という担保がなくなったら、ジ・エンドと考えているのです。

　借入を考えるときに、未来の利益が見えていたらGO、未来の利益が見えていないならSTOPと覚えておきましょう。

39

18

money

華僑は利益計算式が違う

常に「出ていくお金」を考える。

　アメリカから利益計算方法が輸入され、それが日本でも広まっています。

　総収入（売上）＝クライアント数（顧客数）×１人当たり取引額（購買単価）×年間取引数（購買頻度）

　これを頭に入れて、リピートをいかに増やすかが流行っていますが、華僑流の計算式は違います。

　総収入（売上）＝［クライアント数（顧客数）－顧客当たり獲得コスト－顧客当たりコスト］×１人当たり取引額（購買単価）×年間取引数（購買頻度）

となります。

　「出ていくお金」の計算を常に優先しています。

　華人とビジネスをした人が上場企業も含め異口同音に言うのが、「彼らからお金を取るのは難しい」です。

また、彼らは広告宣伝費の代わりに大企業のトップであっても人付き合いをして、そこで顧客をゲットします。
　紹介が紹介を呼ぶために、毎日会食をしているのです。
　目の前の利益だけを考えていたら、あの人とはレベルが違うから食事を一緒にするのはちょっと…となりますが、商魂民族華僑は、どんなに偉くなっても一介の人と食事を共にし、そこからの紹介を常に狙っています。

　ネットがどれだけ普及しても、画面の向こうには必ず人がいます。
　人を制するものが、すべてを制するのです。

〈華僑の利益計算式〉

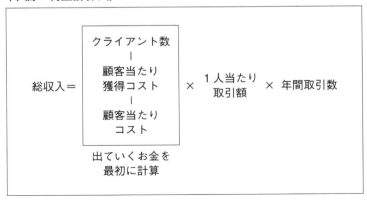

19

money

大道至簡

世の中の王道はいたってシンプル。

　華僑の師の口癖に「大道至簡」があります。

　老子の言葉で、元々はもっと長いのですが、それを略してそのように言っています。

　要は「原理原則、世の中の王道はいたってシンプルですよ」という意味です。

　一つのことだけをしている華僑はいません。サラリーマン華僑でも、必ず副業をいくつか持っています。

　自分の取り分が１で、相手の取り分が９でも文句を言う人はいません。日本人ならもめる原因になると思いますが、彼らは**相手の９がなければ自分の１もない**、と考えます。

　長期的、トータルでの損得を常に計算しているのです。

　直接計算は誰でもできます。ああ、これは割に合う、割に合わない、と。

　例えばスーパーの安売り目玉商品というものがあります。あれは赤字で出していますが、「ついで買い」で利益が出るようにしているのです。

　華僑は人生そのものをスーパーのように考え、**トータルで最終的にこちらが得をすれば、途中経過はどうでもいい**、と考えているのです。

第1章　華僑流・お金が増える「お金」の使い方

20

money

義と利はセットで最強

セットで考えないとお金儲けはできない。

　金儲けは正義だと考える華僑との会話で、次のようなものがありました。

　「お金儲けを良くないように言う人もいるけど、それは決まって貧乏人。自分がお金儲けを知らないから、何か悪いことをしているのだろうとひがんでしまう。『論語』の次の言葉を教えてあげたいね。『貧しくても恨む無きは難く、富みて奢る無きは易し』」

　貧乏人が恨み言を言わないようにするのは難しいけれども、お金持ちが驕りたかぶらないようにするのはやさしいこと、という意味です。

　華僑は続けます。

　「利益を考えるときにそれが正しいかどうかは常に考えている。**義と利がセットじゃないと世の中が儲けさせてくれない**。義、世の中的に正しいことをしない限り、要は大義名分がない限り儲け続けることはできないよ。貧乏を嘆いて世の中に文句を言うよりも、世の中に受け入れてもらえるように義と利を常に考えているお金儲けのほうが断然素晴らしいと言い切れるし、お金が大好きだと堂々と言えるよ」

43

21

money

お金が腐るのが銀行預金

周りにお金を預けると周りがハッピーになる。

老子の「上善水の如し」は、多くの人が知っているでしょう。

水は万物を利して争わないのが素晴らしい。人が嫌がる低い所、下へ向かって流れて落ち着く水は素敵だ、との意味で使われます。

水は循環しているので腐らない。

お金も同じで、1箇所に留めておけば腐ってしまうと華僑は考えます。

では華僑は貯金をしないのか？　そんなことはありません。ただ、お金は貯めるけれども銀行には預けません。

お金を仲間や家族の財布に預けるのです。食事をご馳走したり、起業するための準備資金、何かの失敗でお金に困っているときなどに、喜んでお金を周りの人に預けます。

そうして**自分の周りにハッピーを増やし、困った状態の人を減らせば、自分もハッピーになり、困った状態になりません。**

これは確率の問題なのです。自分の周りはお金に困っていない人ばかりで、自分だけ困った状態になるというのは確率的にかなり低いでしょう。

仲間などの周りの人にお金を預けるのは、自分のためにもなるのです。

第**2**章

すべてを「プラス」に変える仕事術

01

work style

ダブルブッキングは歓迎

短時間で人脈が大きく広がる裏技。

　時間調整のミスやスケジュールミスなどで、ダブルブッキングをしてしまい、穴があったら入りたい、といった経験をされた方は少なくないでしょう。

　華僑の世界では、それはミスでもトラブルでもなく、歓迎されるものと聞いたら驚くでしょうか？

　ダブルブッキングを華僑は当然のように行います。

　一つずつ仕事をクリアしていくのは、それはそれで気持ちのいいものですが、**より有意義なミーティングにするためにも華僑はあえて、同時に商談を行います。**

　知らされていない相手方からするとビックリする出来事かもしれませんし、人によっては怒り出すかもしれません。

　しかし、ここで相手に喜ばれるような演出をするのが腕の見せどころです。「予定していなかったあの人と会えてよかった」「想定外の素晴らしい出会いができた」と言ってもらえるような会話づくりをすればいいのです。

　注意点は一つだけ。なんらかの共通点がある人同士をブッキングします。うまく話ができれば、喜ばれること請け合いです。

　華僑はこのようにして短期間で人脈を拡大していきます。紹介が紹介を呼ぶ連鎖が生まれる状態になります。

46

第2章　すべてを「プラス」に変える仕事術

02

work style

努力していないのにできる
頑張っていることのアピールはしない。

　近年では仕事のあり方が変わってきたとはいえ、サービス残業や土日出勤などをすると、上司の覚えがよろしくなる風潮は相変わらず残っています。

　そんな中、「頑張っているアピール」は、日本ではまだまだ美徳とされています。

　華僑は、頑張っているようには見えません。

　休暇もしっかり取りますし、昼寝までする人もいます。

　彼らは異国の地でゼロからスタートするため、努力するのは当たり前なので、隠すのです。

　彼らは「普通」を嫌がります。必死で頑張っているのは普通のことですので、それをアピールすることはありません。

　また、儒教の教えの権化ですので、働くことは尊いことと考えています。白人スタンダードのキリスト教文化圏で言われるように、オンとオフを分けるようなこともしません。

　オフのときに仕事の話をするのを嫌がる人がいますが、このような考え方をするのは、どんな仕事でも人の役に立っているということがわかっていない、できない人と相場は決まっています。

　できる人になりたければ、オンとオフを分けてはいけません。

47

03

work style

できない人は能力アップを目指すな

できる人に貢献して一緒に上がる。

　仕事に限らず、ポジションを上げるために、自分の能力をアップさせようとする人は大勢います。

　ですが、それは間違いです。すぐにやめましょう。

　できない自分の能力をアップさせても、そのレベルはたかが知れています。

　ですが、元々能力の高い、才能に恵まれた人はちょっとしたきっかけで、大きく羽ばたきます。

　そうです。世の中は不平等にできているのです。だからといって、自分のスキルを磨くというのは賢い選択とは言えません。

　華僑流の賢い選択とは、できる人に貢献していくことです。

　同期だろうが後輩だろうが、ましてや先輩であれば、自分よりも能力があると思う人の手伝いをどんどん進んでするのです。

　能力の高い人の手足になっておけば、その人が上昇していくときに、手足として自分も自然と引き上がっていくのです。

第2章 すべてを「プラス」に変える仕事術

04
work style

好きを仕事にしように騙されるな
「得意なこと」をするのがうまくいくコツ。

　「人生は一度きり。だから『好き』を仕事にしよう」という言葉は多くの人に受け入れられています。

　でも、人生は一度きりなのだから、わざわざ強い相手がいるところで勝負するのを避けたほうが、いい人生を送れるのです。

　誰もが認める、野球のイチロー選手。彼が野球を大好きなのはインタビューなどで一目瞭然です。

　しかし、凡人が天才の真似をして好きなことに打ち込んだからといって結果が出るかどうかは怪しい、ということは多くの人が薄々気づいているでしょう。

　好きなことは、趣味として余暇の時間にやればいいのです。

　お金をもらうためには好きなことではなく、得意なことをやるべきなのです。好きなことと得意なことが一致すれば、それは幸せなことなのです。

　華僑は13億人以上という激しい競争社会から逃げて、戦いやすい国や地方を選び、外国人として自分の得意な分野に絞って活動します。

　あなたが得意なことは、あなたが嫌いな人がよく知っています。嫌いな人を遠ざけるのをやめると、未来が開けます。

49

05
work style

できる人は砂場のイメージで動く
掘り下げて人に与える。

　成功者は、時折あどけなさが顔を出します。
　それは砂場をいつもイメージしているから、というのをご存知でしょうか？
　数字を積み上げろ、スキルを積み上げろ、積み重ねが大切だ、と上へ積んでいくことが前進であるかのような表現が日本語にはたくさんあります。
　ですが、**華僑的思考は積み上げずに掘り下げろ、となります。**
　下図を見ていただくとすぐに合点がいくと思いますが、積み上げ型は人から奪う行為です。人から奪った人が、周りから助けてもらえると期待するのは無理があります。
　一方、掘り下げ型は、人へ与える行為です。
　与えれば返したくなるのが人情というものです。いろいろと手を広げずに、深掘りするにはどうすればいいのかを考えましょう。

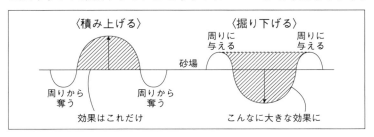

06

work style

前例で安心を与える

あらゆるところに前例はある。どんどん使おう。

　情熱だけでは、相手を動かすことはできません。

　安心感と納得感が、相手を動かします。

　情熱を語るときは、プロポーズでもそうであるように、「君を生涯大切にするよ」などと未来の話をします。

　ですが、安心感と納得感を得るためには、過去の話が重要になってきます。

　そんなときに華僑が便利使いするのが、「前例」です。

　相手がその話の根拠は？　と尋ねてくれば、「このような前例があります」と過去の事例を出して相手を納得させ、安心させます。

　相手が新しいものを求めているときは、「これに関しては昔からニーズがあったのですが、実践したという前例がありません」と過去にないことを証明して、相手を納得させます。

　本書でも時折登場する中国古典の引用も、前例を使って読者に対して納得感を得るようにしているのです。

　身近な話であれば、会社の歴史、出身学校の歴史など、前例はあらゆるところに落ちているにもかかわらず、便利使いしている人はあまり多くありません。

　前例を使って、自説を通してしまいましょう。

07

work style

自分で言わずに人に言わせる

みんなのためになるなら、他人の口も利用する。

　孫子の「迂直の計」という言葉をご存知でしょうか？

　「回り道を近道になるように工夫する」という意味で使われます。

　直線思考ではなく、曲線思考のススメと読むこともできます。

　直接相手に進言するときなど、相手が目上の場合は失礼に当たらないように気をつけて物言いをしたばかりに、何を言いたいのかわからなくなってしまうことはよくあります。

　逆に同僚や後輩に伝えるときは、ストレート過ぎると傲慢ととられかねません。

　こういうときは、人の口を使えばいいのです。

　例えば、上司に現在の取引ルールについて一言伝えたいことがある場合は、直接言って印象を悪くしたら元も子もありません。こういうときはお客さんの口を使いましょう。

　「オタクのルールのせいでちょっと困っているんですよ」

　この一言で上司は、今の働き方に向き合わざるを得なくなります。

　人の口を使えば、自分の意見を楽々通せることはよくあります。自分の口だけではなく、他人の口も存分に使わせてもらいましょう。みんなのために。

52

第2章 すべてを「プラス」に変える仕事術

08
work style

生産性＝成果÷投入資源
投入資源を減らすにはコミュニケーションが大事。

　人よりも抜きん出るために長時間働くという方法があります。若いうちはそれで通用するでしょうが、ある年齢を超えると肉体的に無理が生じてきます。

　そのため項目タイトルの計算式のうち、投入資源を減らして生産性アップを図るのが時短にもつながります。**投入資源を減らすとは、やらないことを決めることに他なりません。**

　やらないことを決めてからが勝負です。

　コミュニケーションをどんどん取っていきましょう。

　コミュニケーションを取らないまま、やらないことを決めてしまうと、後々思わぬ軋轢を生む原因となり、かえって生産性を下げることになりかねません。

　「天下を争う者は必ず先ず人を争う」（管子）という言葉があります。

　意味としては、「成果を出すにはノウハウやスキルではなく人心掌握である」。人さえ押さえておけば、後はどうとでもなるという考え方です。

　実際、お金もモノも人を介して流通しています。何かを決めたら、それを周りに承服してもらうことをセットで考えるべきです。

53

09

work style

マルチタスクの意味

一つに集中して次々とこなしていこう。

さまざまな案件が、いろいろな方向から飛んでくるのが現代です。同時並行で仕事を抱えているのは普通のことでしょう。

仕事ができる人ほど、多くの仕事を抱えることになるのは仕方がありません。

しかし、マルチタスクは、多くの仕事を同時に進めることではありません。それでは成果を出せないのです。

一つのことに集中し、また別のことに集中する。

一つひとつを集中的にこなすことが、求められた結果を出す唯一の方法です。

「工人数々業を変せば則ち其の功を失う」とは韓非子の言葉です。職人が頻繁に仕事を変えると成果が上がらない、という意味で使われます。

ただし、例えば三つのマーケティングプランがあるとしたら、一つずつ試していたのでは時間がかかります。一度に三つのプランを同時に実行し、いけそうなプランに早い時期に絞るのが賢い方法です。

テストによる選択と集中が、これからのマルチタスクの目指すところなのです。

第2章　すべてを「プラス」に変える仕事術

10
work style

短所を直すと長所が消える
今あるリソースを生かすことを考える。

　何事も表裏一体です。

　陰陽、左右、上下、裏表…。物事は、対で一つになります。

　短所があって、そのバランスとして長所があります。

　ある華僑の会社のトップ営業マンは、お世辞にも口が達者とは言えません。それもそのはず、その会社に転職する前は黙々と作業する配送業務をしていたのですが、転職と同時に営業に配属されてしまったのです。

　ここで上司がトークの練習だと言って、口下手な彼を饒舌営業マンに仕立てようとしていたら、トップ営業マンにはなっていなかったでしょう。

　その営業の彼は、配送業務で培ったスピード感を営業で生かしました。

　メールも電話も即レスポンス。

　他の口八丁手八丁の営業マンたちよりもレスポンスが常に早いのです。ああ言えばいいかな、こう言えば喜ばれるかな、などと考えないからです。

　結果的に口下手な彼は、即レスをくれるとお客さんからの信頼は絶大です。**今あるリソースを生かすには、の思考が大切**です。ないところを補充しようというのは、現代には合いません。

55

11

work style

順調じゃなければ、成長している

変化しているときは必ず違和感がある。

　今まで予定通りに進むことが多かったのに、突然、想定外のことがちょくちょく起こるようになってきた、スランプかな、と自爆してしまう人がいます。

　「修正」の必要が出てきた＝自分が成長した証です。

　子供の頃に誰もが経験した、成長期に服や靴がきつくなるのと同じ理屈です。

　どのような仕事でも、慣れれば楽にこなせるようになります。成長すれば、それに伴って関わるあらゆるものを見直す必要があるのです。

　例えば、おしゃれとはラクな格好ではなく、自分に合った服を着ることです。

　格好いい服を着るためにダイエットに成功すれば、それまで着ていた服が合わなくなり、違和感を感じるようになります。

　その違和感を取り除くためには新しい服にチェンジしなければなりません。

　修正は良いことなのです。あらゆるスランプは自分で作り出した勘違いなのです。

第2章 すべてを「プラス」に変える仕事術

12
work style

「仕方がない」は前向き発言
言い訳をせず、将来的に解決策を探る。

　言い訳をするな、諦めるな、と鼓舞する人がいます。

　そのような感情論に振り回されないことが大切です。

　華僑は二言目には、「仕方がない」と言います。

　「中国人はすぐに投げ出す。だから嫌いなんだよ」という声が聞こえてきそうですが、「仕方がない」の後に無言のもう一言があります。

　「今は」です。

　今は仕方がない。

　これは投げ出しているのではなく、長い目で見て、現在はできないけれども、将来的にはできるようにしておきます、の意味なのです。

　「仕方がない」を口癖にすることによって、後ろ向きな言い訳がなくなります。

　仕方がないと言ってしまえば、そのための対策を関係者全員で考えることができ、より良くなる可能性を秘めています。

　うまくいかないときは、一人で抱え込んでしまうとストレスが溜まる一方です。

　組織のために、仕方がない、と言ってみましょう。

57

13

work style

部分で落ち込むのは無意味

全体を見れば、淡々と物事を見られる。

　ミスを指摘されて、いちいち落ち込むのはマヌケです。

　仕事は人生のパーツ、お金は人生のパーツ、趣味は人生のパーツです。仕事のミスも、会社の一部署の一社員の一案件の一部のミスです。

　ミスで叱責されたとしても、あなたの人格を否定されたわけではありませんし、何かのミスとあなたの人格の相関関係はありません。

　ストレス社会の現代において、ストレスを感じないのは強みになります。日本人は全否定と部分否定を分けて考えるのが苦手と言われています。

　逆も真なりで、褒められて浮かれるのも問題です。

　一つのパーツを褒められただけのことで、話題の一つにはなるでしょうが、それ以上でもそれ以下でもありません。

　淡々と、飄々と物事を進められる人は、すべてにおいて有利です。前項と同じように、「これは仕方ない」と思うようにしましょう。

　全体像を見るようにすれば、細部のことで落ち込むことはなくなります。

第2章 すべてを「プラス」に変える仕事術

14

work style

面倒くさいは儲かる
自分や他人の「面倒くさい」を探す。

モノが溢れている時代です。

どんどん新商品が投入され、ヒットするものもあれば、まっ
たく見向きもされないものもあります。

技術立国と言われた日本は素晴らしい性能の商品の数々を世
の中に出し、社会の発展に貢献してきましたが、最近は以前ほ
どの勢いがありません。

現代はモノが溢れているので、勝負は目新しさではなく便利
さへと移り変わっているのです。

勤勉な日本人は気づきにくいですが、ご存知のようにサボる
ことを考えている華人は、面倒くさいに敏感です。

パソコンを開けるのが面倒くさいからスマホで、電話で話す
のが面倒くさいのでLINEで、掃除が面倒くさいからルンバで。

そうです、人の面倒くさいはビジネスチャンスであり、人に
喜ばれるための大きな要素なのです。

自分が面倒くさいものは人も面倒くさい。

面倒くさいを解決すれば、仕事にも人間関係にも困りません。

面倒くさいこと探しが道を拓きます。

59

15

work style

無責任な人はいつもハッピー

長期的に考えれば、一喜一憂しなくなる。

　ストレスマネジメントが流行っています。

　なんでもかんでもストレスと表現するのは、世界広しといえども、日本だけです。

　2013年の世界経済フォーラム（ダボス会議）でもテーマとなった「レジリエンス」をご存知の方も多いでしょう。

　レジリエンスとは、耐久力・復元力・抵抗力などのこと。

　ストレス耐性が強い人をレジリエンスが高いと言うならば、華僑は間違いなくその方面で優れています。

　その理由は簡単で、物事を常に長期的に考えているからです。

　失敗は誰にでもある。クレームは発生するものだ。

　日本人の常識からすると、それらは未然に防ぐものという意識があるので、起こっただけで人生の汚点だ、というくらい落ち込んでしまうのです。

　叱責されたら「そりゃ、失敗くらいするでしょ、人間なんだから」とあっけらかんとしています。「会社がつぶれたらどうするんだ」と怒鳴られたら、「転職するか、新しい会社を始めたらいいじゃないですか」と即答します。

　長期的に物事を見られると一喜一憂せず、目の前のことに集中できるようになり、結果的に素晴らしい功績を残せるのです。

60

16

work style

第2章　すべてを「プラス」に変える仕事術

トラブルが起きた日は祝杯

一歩一歩、成功に近づいている証。

「失敗しておめでとう」

「トラブルに巻き込まれて、よかったね」

などと言われたら、その人のことを嫌いになるでしょうか？

華僑の師匠のもとでの修行時代、師はまさに上の二つの言葉を何度も投げかけてくれました。

華僑は自分のミスを認めませんが、その代わりに人のミスに対しても寛容です。

成功の反対は失敗ではありません。

失敗が出尽くせば、成功しか残っていないのです。

トラブルは成功のお荷物ではありません。

トラブルを解決していきながら、成功を持続させるのです。

失敗やトラブルを避けて通る一番の道は、何もしないこと。これが成功の反対なのです。何もしなければ、絶対に成功にたどり着くことはありません。

成功への道筋が1000通りあったとしましょう。999回失敗やトラブルに見舞われれば、あとは成功しか残っていないのです。

失敗、トラブル、遠回りに手をあげて喜びましょう。一歩、成功に近づくヒントを得たのです。

61

17

work style

ライバルには借りを作ろう

借りを大きく返して恩を売る。

　ライバルは、お互いが切磋琢磨するためにはとても素敵な関係にもなりますが、相手が敵意むき出しの場合は、これほど厄介なことはありません。

　厄介だからといって邪険に扱うと、周りの人から大人気ない人という烙印を押されてしまうので扱いに困ります。

　そんな厄介な人には、「借り」を作りましょう。

　借りを作るのは、恩を売るための口実作りです。

　あんな嫌な人に借りを作るなんて、と思うのはそれこそ大人気ない態度ですので、まずは我慢して借りを作るのですが、ここでのポイントは、あくまでも小さな借りを作ることです。

　自販機前で待ち構えて、「今、小銭の持ち合わせがなくて、ちょっと貸してもらっていいかな」程度でいいのです。

　その翌日、実は実家から送られてきた地元名産の和牛なんだけど、と言ってお返しすれば、借りを返すどころか、相手はあなたに恩義を感じるでしょう、なんて律儀な人だ、と。

　嫌な人ほど、小さく借りて、大きく返しましょう。

第2章 すべてを「プラス」に変える仕事術

18

work style

お先にどうぞ、で利益倍増

利益は先に与えておくのが結果的に得。

スピードの時代なので、「我先に」と考える気持ちはわかりますが、急いては事を仕損ずる、です。

「利せずしてこれを利するは、利して而る後にこれを利することの利あるには如かざるなり」

これは荀子の言葉です。「利益を与えないで利用するのは、利益を与えてから利用する場合に及ばない」という意味です。

人が利益を得ると自分が損をした気分になる人は、狭量と言われても仕方ありません。

コップの水は、コップの大きさ以上には入らないのは自明の理です。コップに水を注ぐにしても、すぐに飲んでしまったら少ししか飲むことができませんが、時間をかけて満杯まで注いでから飲めば、結果的にたくさんの水を飲むことができます。

また永遠に水を飲み続けることもできませんので、周りに利を与えて、恩を売っておくのは将来の貯蓄と捉えることもできます。

先を譲ることで、その人が未来への階段になってくれるのです。

63

19

work style

活躍している人は操られている

陽のポジションは誰かの力で維持されている。

　もし部下が大活躍していたら、あなたは上司としての適性があります。能力も経験も上司のほうが上、と見せつけてしまうと部下は育たなくなるばかりか、仕事も上司に任せるようになってきます。

　テレビなどで活躍している芸能人。プライベートから寝る時間まで犠牲にして活躍していますが、テレビプロデューサーやタレント事務所社長の胸三寸で表舞台から消えます。

　脚光を浴びるのは、常に使われている人、と相場は決まっています。

　自分でやったほうが早い、と思えるようなことでも部下に任せる。これをやったら脚光を浴びるとわかっていても、部下に任せる。

　わかってはいるけど、なかなかできないことです。

　ですが利口な処世を考えるなら陰陽を理解し、部下を活躍させるべきなのです。

　もし、あなたが今、脚光を浴びているなら要注意です。

　誰かがうまくあなたを操っているかもしれません。そうでなくとも、陽のポジションは永遠に続くわけではありません。

第2章　すべてを「プラス」に変える仕事術

20
work style

詐欺師とも友達になる
相手は必ずなんらかの優れた能力を持っている。

　「誰とどんな取引をしても損をしたことがない」と華僑の師は言います。

　そんなはずはない、と誰しも疑うでしょう。

　師曰く、「お金があればお金を取る。経験があれば経験を取る。お金も経験もなければ友達になる」。

　取引をして相手にお金の支払い能力があれば、お金をいただく。

　取引をして相手にお金の支払い能力はないけれども、なんらかの経験があれば、それを教えてもらい、それを次の取引に生かす方法を考える。

　取引相手に、お金の支払い能力も経験もなければ、それは取引巧者なのだから、友達になって自分の代わりに無料取引をしてきてもらうのです。

　なるほど、最終的に損をしないようなスキームができあがっています。

　目の前の利益だけに目が行くと、あいつは詐欺師だとわめきたてる恥ずかしい自分を演じてしまうことになります。

　与信のミスも、プラスに変えることが可能なのです。

65

21

work style

今だからこそ根回しが有効

相手の顧客のためなら、たいていのことは通る。

ITの発達で、遠隔会議やチャットのみで仕事を進捗させることができるようになってきましたが、形は変わっても変わらずに残るのが会議や打合せです。

これらにはどうしても時間がかかります。時間は、お金と同等かそれ以上に大切なものです。

華僑流は裏で人を動かし、表の時間を節約することをよしと考え、そこに力を注ぎます。

根回しはあらぬ誤解を招く恐れもありますし、あとで発覚すれば評判はがた落ちになります。しかし、時間の節約には有効です。

そこで、根回しの際に必ず必要な語句があります。それは、

「お客様のお客様のため」

お客様のためという文言は多くの人が使いますが、お客様のお客様のためという言葉は、ほとんどの人が使いません。

お客様のお客様のためになることが、本当のカスタマーサービスです。

これを言っておけば、お客様との癒着を疑われることもありません。最終的な利害を伝えることによって根回しして、有限の時間を有効に使いましょう。

第2章 すべてを「プラス」に変える仕事術

22
work style

朝令暮改は正しい

観察をして柔軟に対応する人が勝つ。

　計画の不備は失敗の元、には多くの人が賛同するでしょう。

　ですが本当は、**計画ありきは失敗の元**、なのです。

　勝つか負けるかは、自分で決まるのではなく、相手次第です。

　計画というのは自分サイドの問題です、自分以外にはまったく関係ありません。**計画がうまくいくかどうかは、相手が予想通りに動いてくれるかどうかにかかっている**のです。

　ならば、計画よりも観察に力を入れて、柔軟に対応できる体制を整えている人が勝ちやすくなることは、おわかりいただけるでしょう。

　計画やプランが頓挫する原因のほとんどが、観察の欠如です。

　想定通りにいくことは稀です、そのような稀なことに時間を使うのは無駄以外の何物でもありません。

　突然方針を変える朝令暮改は、嫌がられると思われがちですが、マーケティング思考が定着しつつある現代においては、テストの結果、こういう方向に舵を切らないと時間もお金もあらゆるリソースが無駄になります、と伝えればわかってもらえるでしょう。

　朝令暮改は、傷口を最小限で止める方策の一つなのです。

67

23

work style

部下の功績は奪わない

下を益することが将来の安泰につながる。

　フラット社会と言われるようになって久しいですが、フラットの発信元のアメリカでも社会構造はピラミッド型になっています。

　フラットというのは、インターネットの普及で下層が上層に直談判できるようになっただけなので、そこを勘違いすると痛い目にあいます。

　逆も真なりで、自分にとっての下層を大切にしないと将来的に崩壊するのは火を見るよりも明らかです。

　占いの元となっている『易経』に、次のような言葉があります。

　「損は下を損して上を益す」

　「下を減らして、上を増やすのは、本当の損である」という意味です。

　部下の功績は指導した私の実績だと考える人は多くいますが、部下の業績を奪う行為は自分というピラミッドの下層部を削ることになりますので、それを繰り返すとピラミッドはバランスを崩して倒れます。

　将来安泰を願うなら下を益することです。大切な土台となってくれます。

24

work style

作業 ≠ 仕事、雑用 ≠ 作業

「仕事」を作れる人が人の上に立つ。

　「作業」と「仕事」を明確に分けているでしょうか？　華僑は、作業をしている人を仕事をしているとは表現しません。

　頭を使わずにできるものは、すべて作業に分類されます。例えば、エクセル入力や転記などは仕事ではなく作業。

　注意したいのは、雑用が作業とは限らないということです。

　見積もりを頼まれたとします。何も考えずに数字を入力しているだけならそれは単なる作業ですが、利益計算をしながら、うまい見積もりを作成したなら、それは雑用でありながら仕事をしたとカウントされるのです。

　このような感覚で仕事をしていると、生産性は確実に上がります。

　企画なども同じです。単なる思いつきをアイデアと言っているうちは作業者です。アイデアと思いつきの違いは、事実から生まれたか、感情から生まれたかです。

　アイデアは事実から生まれますので、普段からの観察とシミュレーションなしには出てこないのです。

　誰かに話してそれが他の人でもできるなら、それは立派なアイデアです。仕事を作れる人は、間違いなく人の上に立つ人になります。

69

25

work style

ライバルをつぶす一言

相手に自爆してもらう。

敵を作らずに、出し抜いて頭一つ抜けようと考える彼らは、ライバルの案を見事につぶしていきます。

否定をして険悪なムードになったり、称賛してチャンスを与えることなく蹴散らす方法があります。

もし反対意見を述べれば、危ない陽のポジションにこちらが立たされます。

称賛しても相手と一緒に陽のポジションに立つことになり、もし失敗したら同罪とされてしまいます。そこで使うのが、**「あなたのプランは素晴らしい、でも実は…」作戦**です。

「このプランは絶対にうまくいくと思うでしょ？　私もそう思います。だから私も以前に別件でやってみたのですが、大失敗したんですよ」

これでイチコロです。

相手は動揺して、どこに落とし穴があるのだろうと、ない穴を探しはじめ自爆します。

自分の話でなくとも、「私の友人が同じような案件で…」と言えばいいだけです。

綺麗な飛び込みは波が立ちません。そよ風のように爽やかにつぶしていくのが、お互いのためなのです。

第2章 すべてを「プラス」に変える仕事術

26
work style

つぶさないなら蛇よけに
先を歩かせて成功法を教えてもらう。

　前項でライバルをつぶす方法をお伝えしましたが、相手のほうが強い場合は、気づかれたときに痛い目にあわされます。

　そんなに強いライバルであれば、蛇よけになってもらいましょう。

　マーケティング全盛時代です。なんでもかんでもテストしてみないとわからない時代ですし、テスト結果のエビデンス（根拠）が求められる時代です。

　先行きが不透明な場合は、チャンスと危険が入り混じっています。その危険なジャングルの中、強いライバルに先を歩いてもらうのです。

　「どうぞどうぞ、どう考えてもあなたのほうが優秀ですから」と。

　先を歩くライバルは陽のポジションで、うまくいけば皆から称賛されます。その方法を真似させていただきましょう。

　真似をしても礼儀を尽くせば、相手は立場上、これは全部私のやり方だとは主張できません。

　礼儀を尽くせば真似をしても怒られないことを覚えておけば、自分自身の付け焼き刃的な発想から抜け出せるでしょう。

71

27

work style

減らすほど抜きん出る

思い切って減らしてみると変わる。

　53ページで、「生産性＝成果÷投入資源」についてお伝えしました。

　減らすことの重要性を述べたのですが、減らすのは気がひけるという人もいるでしょう。

　ですが、現代の日本は間違いなく世界一の過剰サービス大国です。それがゆえに、意味不明なクレーマー気質の人も増殖しています。

　隅々まで気づかいが行き届いたサービスは日本の自慢でもありますが、価格の安さを売りにしている企業や店に対して、サービス云々と論じるのはお門違いもいいところです。

　もし所属している組織で過剰サービスが常態化しているなら、解決には時間がかかるかもしれませんが、対策を打たなければ、いずれ AI や IoT、BPO（海外などへの外注）等に淘汰されるでしょう。

　「人生、一分を減省せば、すなわち一分を超脱す」（菜根譚）

　人生というものは少しでも減らすことを考えれば、その分だけ俗世間から抜け出せる、の意です。

　減らすほど、逆に上昇できるのです。

第3章

成功を引き寄せる「考え方」の法則

01

way of thinking

余裕があればいいことずくめ

「予定外」にはチャンスが埋もれている。

　世の中を見渡すと、スケジュール管理や時間術のノウハウが溢れかえっています。それだけ多くの人が時間の使い方に悩んでいる証左でしょう。

　華僑の時間管理術は、いたってシンプルです。

　「**手帳を空白に**」です。

　多くの勤勉な日本人は、手帳に先のスケジュールがぎっしりと埋まっていると、仕事をやっている感や、充足感を覚えるのではないでしょうか？

　ですが、すでに入っているアポイントは、ルーチン業務の一つです。

　虎視眈々とチャンスを狙う華僑は、ルーチンを避けたところにいい話があると考えています。

　このような思考をしているので、当然、スケジュールにはできるだけバッファ（余裕）を持たせ、ルーチン業務はあくまでも作業として淡々とこなし、仕事時間だという認識はそれほどありません。

　スケジュール帳に書いていないアポイントが入るのは、想定

74

第3章　成功を引き寄せる「考え方」の法則

外の出来事です。普段のルーチンでは想定内のことしか起こりません。**想定内ということは飛躍もない、と考えることもできます。**

　想定外は、実はあなたにとってチャンスなのです。

　自分のスケジュールで考えてみるとわかりやすくなります。イレギュラーなアポイントは、スケジューリングされていないことが起こる、本来見えないはずだった現象、起こらないはずだった出来事が見えるチャンスです。

　突然現われるチャンスをうまくゲットできる人が、上昇気流に乗ることができるのです。そのチャンスを逃さないための対策が「手帳を空白に」なのです。

　今やほとんどの人がパソコンを当たり前に使っているので、パソコンで考えてみてもわかりやすいです。

　パソコンのディスクの容量いっぱいにデータを溜め込んでいると、そのパソコンの中のどこかにデータがあるはずだ、という安心感は得られますが、その反面、パソコンの動きは鈍くなり、日常業務を俊敏にこなすのにストレスを感じるようになってしまいます。

　CPUの性能を上げてもディスク容量がいっぱいであれば、そのレベルアップしたCPUの良さを活かしきれません。

　また、「これは重要だ」というデータが出てきたときに、保存場所がない状態でもあるのです。

　最初は「手帳を空白に」するのは怖いかもしれませんが、慣れれば心身ともに楽になります。チャンスの到来を待ち構えられるというおまけ付きで。

02

way of thinking

長短思考の二刀流は強い

長期思考ではあるが、目の前のことも大切。

「大きな目標があるなら小さなことにとらわれていてはいけない」とは、よく聞く言葉です。

果たしてそうでしょうか?

目の前の出来事一つひとつに一喜一憂するのは、大人としていかがなものかと思いますが、華僑はそのようには考えません。

目の前の出来事も大切。大きな目標も大切。

中国古典をはじめとする中国の書物は、長編にわたるものが多くあります。一つひとつの教えも大切ですが、それを読破したときに見える景色は、また違うものがあります。

一つひとつの出来事は確かに点となりますが、点と点をつなぎ合わせることによってそれが線になり、やがてそれが立体になっていくのです。

そのように考えると、小さなことも取りこぼしがないようにし、それらの繰り返しを線にする努力がいい、となるのです。

自分自身の物差しを誰しもが持っていると言われます。一つの長い物差しを持っている人と、長短二つの物差しを持っている人では、どちらが便利で有意義な物差しの使い方ができるかは、言わずもがなです。

03

way of thinking

興味のない人からのほうが学べる

良いところのみを取り入れられる。

　IoT、AIなど技術の発達で、膝と膝とを突き合わせての人付き合いが減っているのが最近の傾向ではないでしょうか？

　OECD加盟国中での日本のホワイトカラーの労働生産性の低さはさまざまな記事によく引用されており、ITなどを有効活用した労働生産性の向上が喫緊の課題であることは、多くの方が理解されていることでしょう。

　個々人の生産性アップのためには、個々人のスキルアップが必須と考える人は多くいます。

　ですが、華僑は自分のレベルアップよりも「貴人」（クイレンと発音）との出会いに注力しています。

　貴人とは、自分を引き上げてくれるいわゆるメンター的存在の人のことを言います。

　自分のポジションアップのためには、貴人の力が必須と考える彼らは、四柱推命などの占いをするときでも、金運や恋愛運などよりも貴人といつ出会うかをとても気にします。

　貴人と出会うことができれば、金運アップも素敵な恋愛もついてくるからです。

かく言う筆者の貴人は、間違いなく華僑の師匠であり、作家の中谷彰宏先生です。

　それほど大した経歴もなく、コネもお金もない状態から複数の会社を経営し、一時は上場まで考えるほど、私が人生逆転に成功したのは、紛れもなく貴人のお陰です。

　これほどまで人生において重要な貴人を華僑は求めているにもかかわらず、実際には一切その出会いを焦っていません。

　「考えても意味がない」と常に言うほどスピード重視の彼らですが、運命の出会いについては、ゆっくりゆったりと待ち構えています。

　では、貴人が現われるまで、ボーッとしているのかというと、そうではありません。

　興味のない人をひたすら観察しています。

　逆じゃないか、普通は興味のある人や、いいなと思う人をウォッチするだろう、と考えるでしょう。

　そのあたりが違うのが、華僑が商魂民族と呼ばれるゆえんです。

　人の良いところを取り入れましょう、ということはよく聞きますが、好きな人や興味のある人を対象にすると、すべてが良いところに見えてしまうのが、人間のサガというものです。

　ですが、興味のない人をウォッチすると、良いところにしか目が行かなくなります。

　正確には、興味がない人をウォッチするのは苦痛なので、苦

しまぎれに良いところを探しはじめてしまうのです。

　環境に左右される動物である人間は、好きな人や一緒にいる人と仕草や行動、思考までも似てくると言われています。
　ですが、それでは「類は友を呼ぶ」の域を脱することはできません。
　興味のない人の良いところを探し出し、その良いところと付き合い、真似し、取り入れることによって、意図せずにスキルアップすることができるのです。生産性の向上にも寄与することでしょう。
　そうして、スキルアップした状態で貴人と出会えれば、行動や心にターボを搭載したようなもの、となるのは想像に難くないでしょう。

04

way of thinking

華僑は落ち込まない

人生は一人で歩んでいるのではない。

　ストレス病が成人病と並んで増えています。

　クリニックに通うほどにならなくとも、なんとなく気分が優れず、それがストッパーとなり、ビジネスやプライベートを満喫できない人が増えていると聞きます。

　スマホをはじめとしたIT機器の発達やインターネット網の充実で、いつでもどこでも人とつながることができるユビキタス社会の実現がその原因の一つとも言われています。

　ITといえばアメリカのシリコンバレーがその最先端を長く走っていましたが、IoT、AI、ドローンの分野では深圳バレーといって中国がその最先端を走るようになってきました。

　では、現代病であるストレスによるストッパーは、華人である華僑にあるのかというと、「ない」と答えるのが正解に近いでしょう。

　中国人というのは古来より、身内・血縁を非常に重視する文化、歴史を持っています。

　九族意識というものです。

　九族とは高祖父母、曽祖父母、祖父母、父母、自分、子、孫、曽孫、玄孫を指します。

80

第3章 成功を引き寄せる「考え方」の法則

　自分をちょうど真ん中にイメージして、上下4世代をつなぐ役目であることを小さいときから教育されます。

　すでにお伝えしたように、メンツ主義である華僑たちは、異国の地で一族のメンツのために頑張るのです。

　多少自分が傷ついたくらいでは、その歩みを止めません。

　日本では核家族化が進み、実家の様子さえどうなっているのかわからない人が多くいますが、華僑の感覚からするとそれは非常識を通り越して、アイデンティティの否定にもつながりかねません。

　自分一人のためではなく九族（家族）のために自分は生きている。この感覚を少しでも持つことができたら、楽になるのではないでしょうか？

　仕事がプレッシャーになると思う人は、九族意識が希薄なのかもしれません。

　辛いときでも自分一人で背負うのではなく、九族、またそれを支える配偶者やその関係者も一緒に人生を歩んでいるのです。

　辛いことはどんどん分散して、余裕のある人に手伝ってもえばいい、と考えてみるのです。少しは楽になりませんか？

05

way of thinking

条件は整わない

工夫することでクリアできる。それがビジネスになる。

「足りないものがあるからチャンスなんだよ」

華僑の師匠は、条件が整うことの重要性を説明する私に対して、よくこう諌めてくれました。

それと同時に「我慢はしなくていい。我慢はレベルが低い」とも。

いろいろと条件が整わない…と、なかなか動かない人がいます。ある意味、条件というのは一生整わないかもしれません。条件が揃ったからといって、それでうまくいくとも限りません。

人生を謳歌するために生まれてきた、だから思いっきりやりたいようにやるために、ツールとしてのお金儲けに勤しむ華僑たち。

制限や条件つきだからこそ、チャンスであり、それがビジネスになり得ると考えているのです。

条件をクリアすることを考えるのが仕事。

制限をうまく制御するのがビジネス。

○○がないからできません、という文字は彼らの辞書にはありません。

逆に○○が揃っていないので、そこにチャンスあり、と考え上り詰めていくのです。工夫こそ、やりがいなのです。

82

第3章 成功を引き寄せる「考え方」の法則

06
way of thinking

ルールを知らないとバカをみる
資本効率を上げることだけを考える。

　現代の世界は、資本主義を前提として世の中が動いています。
　資本主義というのは、「資本効率」で動いているということ
を自覚したうえで、さまざまな営みを行っていかないと、いく
ら頑張ってもまったく成果につながらないという悲劇が待って
います。

　資本効率とは簡単に言ってしまえば、投下したお金に対して
どれだけのリターンがあるか、ただそれだけです。
　ですので、たくさんのお金を投下できる人が有利なのは言う
までもありません。
　**資本効率を上げることと、だれかと競争して勝つことはイコ
ールではない**のです。
　そのあたりを理解せず、人の足を引っ張ることを考えたり、
誰かの失敗を期待するような行為は愚の骨頂です。

　単なる競争社会だと誤解している時点で、その勝負は資本主
義社会において負け確定です。ルールを無視しているからです。
　華僑がお金持ちになっていくのは、独立自営者だけではあり
ません。勤め人であってもお金をどんどんと生み出していきま

83

す。

　資本効率を最重要視しているからに他なりません。

　資本効率ですので、残業代を稼ごうというマインドの人は土俵にも上がれません。超過勤務は割増賃金になりますので、定時までのパフォーマンスよりもよほど効率的な動き方をしない限り、資本効率が落ちるからです。

　身近な例で言えば、例えば、時計。

　華僑の間でロレックスが流行っています。

　ロレックス以外にも高級時計はたくさんありますが、中古マーケットが日本のみならず世界で形成されていて、商品供給量が調整されているので、購入したときよりも中古のほうが高く売れるということが頻繁に起こります。

　また、ロレックスはメジャーですので、高級時計に詳しくない人が見てもわかります。

　それを利用して、商談相手の信用を得るのにも使っているのです。

　腕時計として相手の信頼を勝ち取るのにも使い、将来の値上がり益も狙える資産としても考慮に入れているのです。まさに資本効率を考えた行動と言えます。

　何をするにつけても資本効率を考える習慣が、あなたを勝ち組へと導いてくれるでしょう。

第3章 成功を引き寄せる「考え方」の法則

07

way of thinking

協調はジリ貧になる

皆と同じことをするのは「リスク」。

　うまくいかないときや迷ったときの華僑の基準は実にシンプル。それは、周りを見て皆と同じことをしない、です。
　「皆がやっていないことを探す」「皆ができないことをやる」「皆が反対することの可能性を探る」「皆と違う結果を求める」
　華僑は常に、自分の思考や行動が「皆と同じになっていないか」をチェックしています。

　日本人が好きな「皆と同じ」を選択すれば、華僑が一番避けたい「普通」になってしまうからです。
　皆と違えば、それがたとえ失敗だったとしても、誰も挑戦していないので批判しようがないのです。
　一方、うまくいけば、一人勝ちできるのです。
　皆と同じは、リスクの塊なのです。

　損する可能性を考える人は多いですが、誰もやらないのはそもそも面倒なことなので、歓迎されこそすれ、その失敗によってどうこう言われることはないのです。

85

08

way of thinking

人算不如天算

計算できる運を最大に使い、最後は天に任せる。

何事においても運は大切です。

華僑たちは、**運には２種類ある**と考えます。

一つ目はコントロールできる運、もう一つはコントロールできない運です。

彼らが言うコントロールできる運とは、蓄積のあるところに訪れるチャンスのことです。

蓄積とは読んで字の如く、蓄え積むという意味もありますが、資本家が利潤（剰余価値）の一部を個人的消費に使い、残余を資本に転化して拡大再生産を行う、という意味でもあります。

一般的な話に置き換えると、節約しながら先行投資や勉強にお金を回し、そのスキルを使って、さらに効率のよい収入へと変えていく、と翻訳することができます。

節約と先行投資が運とイコールとなります。

もう一つのコントロールできない運は、まさに天が決めるもの。本項のタイトルは、「人の計算は天には敵わない。人が計算しなくても天が勝手に計算してくれる」の意です。

権謀術数使いで計略が大好きな華僑も、最後は運と考えています。 ２種類の運があることを覚えておけば、対策はできます。

第3章 成功を引き寄せる「考え方」の法則

09
way of thinking

在哪里跌倒、从哪里站起来
コケたのなら、別の道を探すのが早道。

　タイトルは、「ここで倒れたら、ここで立て直す」というような意味です。

　しかし華僑は、これを逆の意味で捉えています。「ここでは取り返しにいかない」のです。

　失敗したら再チャレンジしなくてもいいのです。諦めて別のところに移動するのが利口な選択です。運がこちらにないときや、不利なときもさっさと別のことをしましょう。

　損や失敗にこだわる人がいます。リベンジを誓う場合もあるでしょう。ですが、それは徒労に終わる可能性大です。

　損や失敗は、コケたということです。コケたということは、そこに石や穴など、コケたなんらかの原因があります。

**　躍起になって再チャレンジするよりも、そこを避けて通ったほうがよいと華僑は考えます。**

　コケた原因となっている石ころ整備や、穴ボコ埋めなどをやっている間に、利口な人は違うところで成果をあげています。

　石や穴で転ぶのはあなただけではありません。あなたが悪いわけでもありません。こだわるとそれが執着となり、不運を招き寄せる原因となります。逃げるが勝ちです。

87

10

way of thinking

変化してもかまわない

グレーを受け入れ、変化に強くなる。

ダメなものは、ダメ。

正しいことは、仕方ない。

なんでも白黒ハッキリさせたい人は柔軟性が乏しい人です。

アメリカ流のロジックありきの、型にはめるやり方が流行っているようですが、あれはアメリカが移民国家で、さまざまな宗教や人種が入り混じっているため、次善の策としてやっているだけです。

白黒ハッキリさせて、「あのとき、あんな言い方をしなければよかった…」「違った態度をとればもっと好転していたのに…」と後悔したことがあるならば、それは「想定外」に弱いことを露呈しています。

想定外が起きたときに、動揺したそぶりを見せるのは、持ち札が少ない、懐が浅い、と相手にバカにされる要素となります。

何が起きてもゆったりと構えているために、白黒つけずに、グレーでいいじゃないか、と考えるのが後々の心変わり（自分も相手も）の受け皿として、正解の対応になります。

カメレオンのように、変幻自在に自分の色を変えられるのは、自分がないのではなく、自分がわかっている証なのです。

第3章　成功を引き寄せる「考え方」の法則

11

way of thinking

厚顔無恥が富を引き寄せる

さまざまな顔を持つと一つのミスが気にならない。

「なんであんな人が」

これは誰を指すわけでもなく、例えば政治家などを見ても、そのように揶揄される人ほど、重要な役職を得ています。

厚顔無恥な人は厚化粧でその素顔が見えにくいですが、素顔は複線化に成功していて、単線や単体では正体がわからないようになっているのです。

そういう人物のイメージとしては、「個人の総合商社」とでも言えばわかりやすいでしょうか？

今流行りの副業をしましょう、ということではありません。時代の流れとして副業が許されはじめているので、それもありですが、それだけではありません。

筆者はよく「何をされている人ですか？」と聞かれます。

医療機器メーカー、医療機器販売会社、メディア事業会社、不動産会社、コンサルティング会社、ビジネス書やコラムの執筆等、あげればキリがないほどの顔を持っています。

これは会社経営者の特権ではありません。

サラリーマンでも可能であり、実際に華僑はさまざまな顔を持っています。

89

会社員であり、友人との共同不動産投資オーナーであり、知り合いがやっている中華料理店の常連であり、出身省の会合のメンバーであり、SNSのグループの一員でもあります。

　要はたくさんの顔を持つことができれば、必然的に厚顔無恥へとつながっていくのです。

　一つのところで何かミスをしたとしても、そのミスが他へ影響することはないのです。

　心配性の人に限って、かえって一つにこだわり、思考停止・行動停止状態に陥ってしまうことが多いようです。

　たくさんの顔を持つことが、心配性な人、将来不安がある人を救うのです。

　ベタベタ顔に化粧を塗りたくるように、思いついたら、さまざまな顔を持つ機会を探しましょう。

　きっと景色が変わるはずです。

第3章　成功を引き寄せる「考え方」の法則

12
way of thinking

エリートからは逃げる
自分にとっての王道を見つける。

　勤勉な人ほど罠にハマるのをたくさん見てきました。

　日本の華僑にエリートはいません。

　本国で勝負して勝てるなら、マーケット・人口が日本の10倍以上の中国で生活しているはずです。

　自国では勝てないと思って海外に出る華僑が大半です。

　そんな華僑は、決してエリートや優秀とされる人と戦おうとはしません。

　真面目に追いつく気など、露ほども持っていません。

　サラリーマン華僑の多くが昼は労働者、夜は資本家オーナーの顔を持っています。

　多いパターンがサラリーマン同士で組んで、不動産投資をするケースです。

　まずはワンルームなどの安い物件を仲間と共同で購入します。それを担保に、また別の物件を買っていきます。

　妻帯者で起業などのリスクを取りにくい華僑も当然いますが、指をくわえて眺めているわけではありません。

　自分が出せる範囲で資本金を出資します。

　株主になるわけですから、日中はサラリーマンをしていても

91

自然と経営者視点が養われていきます。

　勤め先のエリートと競うために、サービス残業をしたり、夜間大学院を目指したりはしません、そんなことをしたところで、日本人のエリートと同じ扱いにはならないことを知っているからです。

　エリートと勝負をしてはいけません。

　土俵に上がる、という言葉がありますが、**自分が上がる土俵を間違えてはいけない**のです。

　会社の王道は、社会の王道ではありません。

　自分にとっての王道を見つけた人が成功者となるのです。

　自分の土俵を見つけ、自分の王道を見極めましょう。

第3章　成功を引き寄せる「考え方」の法則

13
way of thinking

「ずるい」は褒め言葉

華僑の間では、ずるい＝賢い。

　「ずるい」という言葉になんとなく嫌悪感を抱く人は大勢いるでしょう。

　「あいつはずるい奴だからね」と悪口とセットで使われるような言葉です。

　日本語を覚えたての華僑はずるい＝賢い、賢い＝ずるい、と表現します。普通を嫌う華僑らしい表現です。

　想定外の攻め方をされたときや、今までの前例を無視したときに、ずるいと表現します。

　正直とずるいは、相反するものではありません。

　真面目に生きながら、ずるい戦略を立てられる人は、どこへ行っても歓迎されます。

　人を鼓舞して「やる気」を出させようとするのが非常に難しいことは、多くの人が経験していると思います。

　ですが、相手をおだてて「その気」にさせれば、相手を操るのは簡単になります。ずるい戦略というのは、お互いの精神安定上も素晴らしい手なのです。

　嘘をつくのはよくありませんが、相手がその気になるのであれば利他の心と直結しているのです。ずるさがWIN-WINを生み出すのです。

93

14

way of thinking

英雄を見間違うと失敗する

失敗経験のある人は貴重。

　英雄というと、どんな人を思い浮かべるでしょうか？

　テレビに出ている人や、ネット上のインフルエンサーと呼ばれる人たちでしょうか。今が絶頂期にいる人を英雄と勘違いすると、人生を見誤る危険性があります。

　華僑にとって英雄とは、倒産社長です。

　日本では倒産社長というと、自己破産してどうしようもなくなった人と思われていますが、華僑は違います。

　倒産社長は、どのようにすれば失敗するかの実経験者であり、失敗する方法を知っている生き字引なのです。

　日本では「あの人は今」という番組が成り立つくらい、絶頂期をすぎた人にはだれも見向きもしません。

　生き字引の知恵を引き出すには、日本はチャンス大国なのです。どうすれば失敗するかを知り尽くした人に、だれでも接触することができるのが日本なのです。

　失敗した人に近づいて、どんどんその秘訣を聞き出しましょう。

　その人がしたことと正反対のことをすれば、あなたが成功する確率はぐんと上がります。

94

15

way of thinking

資本がないなら「知本」で勝負

他人のリソースをうまく使う。

　資本効率を上げることが重要であるということは、83ページで述べました。

　では、お金（資本）がたくさんあれば、なんでもうまくいくのでしょうか。

　資本以外に「知本」が大切だと師は言います。

　知本とは知の蓄積、智慧、知識のことを指します。

　資本と知本の組み合わせで歯車がガッチリと合い、ズンズン前に進んでいけるようになるのです。

　知本だけでは、ただの物知りで終わってしまいます。

　資本だけでは、お金を循環させられずに腐らせてしまいます。

　知本を使って、資本を出動させることが要諦です。

　両方兼ね備えている人は、すでになんらかの成功を収めているでしょう。

　勉強して知本を蓄えている人は、資本を持っている人と組めるようにその知本を使います。資本を持っている人は、知本を蓄えている人にお願いしてみましょう。

　全部自分が持っている必要はないのです。

　条件は一生揃わないので、今あるリソースで今すぐ行動を開始しましょう。

16

way of thinking

天時不如地利、地利不如人和

できることだけを選んでいくとレベルが下がる。

項目のタイトルは、孟子の有名な言葉です。

「天のもたらす幸運よりは、地勢の有利さを選べ。地勢の有利さよりも、人心の一致を選べ」という解釈です。

何事も最終的には人材の勝負になりますが、良い人を選ばないとできないというのではレベルが低い次元の話です。

いかに与えられた資源を有効に使うかが頭の良し悪し、人生の巧拙を決めるのです。

この言葉は華僑とは何か、の説明にもなっています。

本国よりも有利な土地を求めて祖国を後にし、行き着いた土地の人々を相手に商売をし、その土地の人を雇うことで貢献して受け入れてもらうのです。

外国人の立場で言葉も文化も違う人を使うのは、相当な苦労を伴うのは想像に難くないでしょう。

人を選んでいるようでは受け入れてもらえるはずがありません。**自分の周りには使える人がいない、と嘆いているうちは、自分の力不足を自ら吹聴しているようなもの**です。

シンプルに考え、今ある資源を最大限に生かすには、選ばないことを選ぶことなのです。

第**3**章　成功を引き寄せる「考え方」の法則

17
way of thinking

上有政策、下有対策
正直なだけではうまくいかない。

　華人たちの合言葉があります。

　上有政策、下有対策。「上に政策あれば、下に対策あり」と。

　中国は歴史上、天地がひっくり返るということを繰り返してきました。

　昨日まで安泰だったのが不安定になったり、昨日まで貧しかったのに突如お金持ちになったりと、安定した社会というもの自体を信用していません。

　彼の国の権力者たちは民主主義が当たり前の現在においても、平気で朝令暮改しますし、逆らえばどうなるかわかりません。

　ですが、おとなしく従っておこうと考える人は少数派です。

　従わず、逆らわず、抜け道を常に探しています。

　日本流は、少しずつルールを変えていきながら民衆が慣れていくのを待って征服するというやり方です。

　その緩やかな慣らし作戦を見抜くためには、『論語』の「君子は貞にして諒ならず」が最適です。

　意味としては「君子は真面目でルール通りするけれど、馬鹿正直ではない」です。

　正直はいいことですが、馬鹿正直は利口とは言えません。

97

18

way of thinking

危険いっぱいの1等賞

狙うのは、気負わず消耗しない3等賞。

「やるからには1番を狙いたい」と思う人は、上昇志向のある人です。華僑は上昇志向の塊なのに、1番になりたくないと言います。1番になれそうでも譲ります。

理由は簡単。**1位は常に皆から賞賛される代償として、狙われる**からです。

業界No.1、シェアNo.1、地域No.1…どれも響きは素敵ですが、非常に不安定な立ち位置なのです。

自分ではまったくノーマークの人から、知らないうちにターゲットにされます。

では競輪選手の風除けのように2位狙いが正解でしょうか?

2位も華僑は狙いません。1位が自分の地位を守るために全力ですべての施策を阻止してきます。

正解は3位狙いです。

1、2位は熾烈な戦い、争いを好む好まざるとは関係なく、争いに勝手に巻き込まれます。

3位は上位からはノーマーク。その他の順位の人からも基本的にノーマーク。安全に過ごせるのです。

消耗せずに過ごせる3位を気負わず狙うのです。

19

way of thinking

陰陽を理解すれば楽勝

陽のポジションには、できるだけならない。

　華僑と日本人、話をしなければ姿形は区別がつかないほど似ていますが、思想の根底が大きく異なります。

　彼らは、どのような判断をするときでも陰陽思想から外れません。

　陽があれば陰がある、陰があれば陽がある、静と動、明と暗、何事にも表裏があるという前提で、物事を見ています。

　いろいろな使い方があるのですが、**基本的な考え方としては自分は陰のポジションを取り、自分以外に陽のポジションを取らせる**ということです。

　陰は、脚光も浴びない代わりに、「出る杭は打たれる」といった嫉妬や羨望とは無縁でいられるのが特長です。

　駆け引きを得意とする華僑ですが、日本でも人気の兵法家の孫子も「駆け引きをさせないのが最高の駆け引き」と表現しているように、陽のポジションの人がハッと気づくまで、タイミングを見計らっています。

　陽のほうが目立ちますので、その立ち位置に憧れる人はたくさんいます。しかし、陽になればなるほど、周りから見えない陰の部分が内部で膨れ上がり、危うくなるのです。

99

ビジネスでもなんでも、順位が入れ替わるときの多くは、下の順位の人が大きく成長したのではなく、上の順位で陽に立っていた人の自滅によるものです。

雄弁は目立ちますが、その分、失言したときに「今のはなしにして」などということは通用しません。

常に自分の行動や発言に細心の注意が必要となり、それだけにストレスは大きなものとなります。

また、人付き合いの面においても、慎重な考え方をする人が多い日本人の中で、目立つ人は避けられる傾向にあります。

良い悪いは別として、本国の中国において近代で最も力を持っていると言われる習近平主席は、最も語らない主席とも言われています。

人は誰かに話を聞いてほしいと思っています。

陰のポジションで語らない状態を死守していれば、情報は取り放題となります。

陽で情報収集せずに、陰で情報が降ってくるのを待ちましょう。

第3章 成功を引き寄せる「考え方」の法則

20

way of thinking

普通を敬遠する別の理由

実は「普通」ほど難しい。

華僑は「普通」を避けることは、すでに何度か述べました。

普通を選べば、普通の結果しか待っていないからです。

もう一つ彼らが普通を選ばない理由は、難しいからです。

「お金持ちになりたい」「出世したい」「目立ちたい」

これらは非常にわかりやすい様子を表わしていますが、「普通になりたい」と願っても、どれが普通なのかが非常に曖昧で、狙うのが難しいのです。

彼らのバイブルである**四書五経の中でも「中庸」が一番実践が難しい**とされています。

東洋医学でも体のバランスを中庸に保つことが健康の秘訣だとされていますが、多くの人ができません。普通を選ぶということは一番難しい道を選ぶということに他なりません。

異国の地で暮らす華僑は、普通のことを普通にこなすことがどれだけ大変なことか、身をもってわかっているのです。

立身出世やお金持ちを目指すほうが、単純でシンプルで簡単なのです。

普通は難しいと心得ると謙虚になれます。

101

21

way of thinking

奇跡は誰にでも回ってくる

継続していれば、ミラクルは起こる。

ミラクルを起こした！　奇跡が起こった！

そんなこと自分には無関係だと思っている人が大半でしょう。

今時、ハングリー精神は流行りませんが、最後は精神力の勝負になるのは否定できません。ですが、精神力勝負の前にチャンスに気づかないと前へは進めないですね。

コインを投げて連続して表が出る確率をご存知でしょうか？表と裏があるので表が出る確率は2分の1です。

それが10回連続する可能性は、2分の1の10乗で0.0009765626となります。約1000回に1回ですので、毎日1回コインを投げれば約1000日。3年に1回は連続して10回表が出るのです。

裏も同じ確率となりますので、3年に2回（表と裏）、奇跡と思うようなことが起こるのです。

観察が足りないと起こるべくして起こっていることを奇跡だと思ってしまいます。また逆に、なんであっても継続していないと奇跡の確率はぐんと下がります。

自分にも奇跡が当然のように起こることを自覚し、狙いを定め、継続しましょう。

第3章 成功を引き寄せる「考え方」の法則

22
way of thinking

手段と目的を混同すると迷う
条件が悪いほど正しい方向に向かう。

「馬良しといえども、これ楚の路に非ず」

『戦国策』に出てくる言葉です。

これには寓話があります。楚の国へ行くという旅人が楚とは反対方向に向かっているので、村人が「なぜ逆の方向に向かうのか？」と質問したところ、旅人は「馬は上等だ」と答えたそうです。

馬が上等でも、方向が違えば目的地にはたどり着きません。

この話を聞いて笑う人は大勢いますが、これと同じようなことをしている人は多くいます。条件が良ければ良いほど、方向を間違えるとズレが大きくなります。

華僑はお金儲けが好きですが、お金儲けをゴールにすることはありません。手段と目的を混同していないのです。

もしあなたが道半ばなら喜びましょう。さらに条件が整っていないならもっと喜びましょう。間違った方向に行かずに済みます。

どの方向に向かうのかが重要であり、それが初歩の段階となります。裏道を探すよりも表通りを地図通りに行くほうが近道だったということはよくある話です。抜け道を探していると、迷子になってしまうのです。

103

23

way of thinking

成功者の真似は安上がり
内面の真似はタダでできる。

　目標とする人やお手本とする人の真似から入るのは、成功への王道と言われています。

　欧米流ではモデリングといって、形から真似ていく方法がメジャーですが、これを実行するのは難しいです。

　成功者はオーダーのスーツに身を包み、ジョンロブの革靴を履き、ロレックスをはめています。

　真似しようとしても、お金がかかり過ぎます。

　一部取り入れるなど中途半端に真似してもあなたの血肉にはなりません。モデリングのロジックは外面に内面が引っ張られるというものだからです。

　それなら最初から想像力の力を借りて、内面の真似から入ればいいのです。

　あの人ならどう考えるか、です。

　どのようにすればあの人のようになれるかと考えてはいけません。常にあの人と自分をダブらせて一人称で考えましょう。

　憧れのあの人の5W1Hを想像すれば、外面にお金をかけずに追いつけます。

第**3**章　成功を引き寄せる「考え方」の法則

24
way of thinking

温故知新の次の言葉を知る
最新の「失敗」の知識で先生になる。

「故きを温ねて新しきを知る」

　先人たちの智慧を尊敬の意を込めて使う言葉と思っている日本人は多いですが、元となる『論語』では違う意味で使われています。

　「故きを温ねて新しきを知る、以って師と為る可し」と、続きの言葉があるのです。

　過去の英知と新しい知識を組み合わせれば、人に教えることができる先生になれる、というのが本来の意味です。

　正しい論語解釈でいくと、日本においても知識量が多いエリートのほうが有利に人生が送れることになります。

　ですが、ゲリラ戦を挑む華僑は、新しい知識の部分を独自解釈し、あらゆる組織に貢献していきます。

　失敗の先駆者になるのです。

　テレビでも「しくじり先生　俺みたいになるな‼」という番組がありますが、それと似たポジション取りです。

　成功する方法を伝える先生はたくさんいますが、**こうやれば失敗しますよを教える先生になる**のです。

　失敗したくない生徒がたくさん集まることでしょう。

　人気者は失敗を見せびらかすのです。

105

25

way of thinking

見上げると出世できない

常に視点は上に、態度は下に。

「納得できない、上は現場のことがわかっていない」と嘆いても仕方がありません。

逆に、あなたは上からの景色を知らないだけで、低いところからしか物事を見ていない可能性もあります。

立身出世する人は、順調なときも最悪の状況を想定して動いています。

貧乏からスタートする華僑は、常にお金持ちになったときのことを考えながら日常を過ごします。

お金持ちの視座でいつも物事を見ているのです。

立身出世する人は、常に上から物事を見ています。景色を見下ろすのと同じで、高い場所へ行けばいくほど、見渡し見晴らしがよくなります、視界が開けるというわけです。

何かが起きたとき、ムッとしたり、慌てたりするのは視界が開けていません。上の立場から物事を想像できない人は、上の景色が上に上がるまで見えてこないのです。

景色が見えていないのか、見る気がないのかは、さらに上の人が判断します。

怒りたい気持ちが出てきたら、ビルの屋上にでも上ってみましょう。視界と気分が変わるはずです。

第3章　成功を引き寄せる「考え方」の法則

26
way of thinking

信用しているよ、は余計な一言
言葉の選び方で人の気持ちは変わる。

　「君のことを信用しているよ」と言われた後にミスをしてしまったらどのように感じるでしょうか？

　申し訳なく思うのが通常の人の感じ方です。

　信用してくれた相手への申し訳なさから、ミスを言いたくない気持ちへと変わり、隠蔽することによって、その信用を持続しようと考えてしまっても不思議ではありません。

　信用という言葉を使うときは、次の韓非子の言葉を思い出すようにしてください。

　「人主の思いは人を信ずるに在り。人を信ずれば則ち人に制せられる」

　人間関係の災いは、人を全面的に信用することからくる、人を信用し過ぎたらその人にやられる、の意味で使われます。

　ミスを隠すのはもちろん悪いことですが、ミスを隠すような状態を作ったほうも悪いと考えるのが、全方位型の華僑思考です。

　「信用している」の一言は、相手に無用のプレッシャーを与える相手への迷惑行為であり、自分を危険にさらす行為だと自覚しましょう。信用以外の言葉を使って、伝えましょう。

　「うまくいく予感がする」「うまくいく気がする」と。

107

27

way of thinking

知恵にも上下がある

損を避ける知恵はだれからも喜ばれる。

　相手が得をすることをお勧めしても、あまり喜ばれないことがあります。

　お腹がいっぱいの相手に、知恵を絞って選んだ物品を渡しながら、「さあどうぞ、○○の特産品です。めったに食べられるものではないですよ」と伝えたとしたら、感謝はされてもそのときは喜びはしないでしょう。

　知恵を絞るにしても華僑は上下を使い分けます。

　価値が高いのは、損を避けるための知恵です。

　「智は禍を免るることを貴ぶ」とは、『三国志』に出てくる言葉です。

　問題解決できる能力は現代の必須スキルとして磨いている人は多くいますが、その中でも人が困っていることを代わりに解決してあげるスキルは常に需要があります。

　得をするための行動や思考を伝えるのが一般的なので、損をする側面を強調して、相手が損を回避したい状況・思考になってから解決策を提示するのが喜ばれる知恵の使い方です。

　まずは、負の側面を見せてから、知恵を存分に発揮しましょう。

108

第3章 成功を引き寄せる「考え方」の法則

28
way of thinking

心の変化は外に表われる

常に観察すれば、あらゆる変化をキャッチできる。

PDCAからOODAと言われるようになりました。

PDCAは「P（Plan計画）→D（Do実行）→C（Check評価・検証）→A（Act改善）」。

OODAは「O（Observe観察）→O（Orient情勢判断）→D（Decide意思決定）→A（Act実行）」です。

PDCAは品質改善で、OODAは意思決定と、本来そもそも目的が違うので比較するものではありませんが、あえて少品種大量生産の時代から、多くの意思決定が必要な多品種少量生産の時代に変わったことを認識しつつ、日々を送ってほしいと願います。

変化が激しい時代は、華人的発想は有利です。

中国は太古の昔より、政変が激しく身分が突然変わるのには慣れっこであり、敏感です。敏感に変化を察知しないと、それは死を意味した時代も長かったからです。

日本の戦時中もそうでしたが、状況が変われば人心もいとも簡単に変わります。味方だった人が突然翻意して敵になる可能性もゼロではありません。

「観察」が持続的勝者の必要条件です。計画は疎かでも、観察の手を抜かないことで生き残ることができます。

109

29

way of thinking

豹変とは本来良い意味

次代のために変化すべし。

　成長している人は、周りとの差が気になるものです。

　一人だけ抜きん出たとなっては、協調性がない、という評価をされかねないことが心配されます。

　ですが、伸びていく人は、周りとの関係をどこかのタイミングで変えていかないといけません。

　華僑の師も「**成功するためには節目節目で変わることが大切**」と言います。

　「君子は豹変し、小人は面を革む」とは『易経』の言葉です。

　易経は占いの元となる書物ですので、時節をとても大切に考え、その人の将来を案じることを得意としています。

　この言葉の意味は、立派な人は突然変わり、立派でない人は顔つきだけ改める、という理解でいいでしょう。

　豹変の仕方がその人の器を決めるわけですが、功績をあげるまではいかに自分が認められるかを考えて行動してきたのを、功績をあげた後は、次の功績をいかに人に譲るかという思想に豹変するのが正しい豹変の仕方です。

　チャンスをものにした後で、その人の器と将来が決まります。

　チャンスを手にしたら、次は人に譲れるような人間に豹変することが自分の身を守ります。

30

way of thinking

第3章　成功を引き寄せる「考え方」の法則

時には目を閉じ耳を塞ぐ

自分の器が大きければ相手は小さくなる。

　知らないことは、なかったことになります。

　犯人探しはやめておくべきです。

　通勤電車で足を踏まれて、誰が踏んだのかわからなければ、「せっかく靴を磨いたのに。まあ、混んでるから仕方ないか」となるところを、周りを見渡して犯人探しをすれば、「あの人が踏んだのか。会釈の一つもない礼儀知らずの人だ」とずっとイライラした状態になってしまいます。

　知らなくていい、聞かなくていいことはたくさんあります。

　誰かが失言しても、それは聞かなかったことにしましょう。大きく構えておいて損はありません。

　「怨みに報いるに徳を以てす」（老子）

　何か小さな出来事があるたびに、この言葉を呪文のように自分に言い聞かせるに限ります。

　怨みに思えるようなことでも、こちらが上に立てばなかったことになります。

　嫌な人がいたら、こちらのスケールの大きさを見せましょう。こちらの器が大きければ、相手の仕打ちは相対的に小さなものになります。

111

31

way of thinking

剛柔どっちを選ぶべきか

エネルギーを使わず腐らないのは「柔」。

　優しく接するべきか、厳しく接するべきか、これは永遠の課題でもあります。

　理想は「寛猛中を得る」（宋名臣言行録）です。バランスよく剛柔を織り混ぜるのが良いに決まっています。

　本国中国人は、現共産党政権を見てもわかるように、剛を基本としながら所々で柔を織り交ぜていくのがスタンダードですが、**常にアウェーの華僑は逆で、柔を基本としています。**

　その理由を華僑の師は次のように説明しています。

　「火も水も必要だしどちらも使い道があるけれども、使うときに火はエネルギーを消耗する。薪を燃やすにしても薪をくべ続けなければならない。放っておけば燃え尽きて終わり。でも水は循環させておけば放っておいても腐らない。

　水のほうが断然エネルギー効率がいい。これが陽の面の話。

　陰から見れば、火を燃やすのは人為的で、水が流れるのは自然。剛柔どちらを選べばいいかは言うまでもないよね」

　自然に逆らうと、不自然になるのです。

32

way of thinking

中国と日本の漢字の違い
漢字で知る日本人の心。

　漢字は中国から渡ってきましたが、中国本土の意味と日本語の意味の違いを知り、そこに日本人の特質を見出そうと華僑たちは研究しています。

　目的とは→目で的を射ること。

　射る矢は軽いとフワフワするので重い槍を使う→「重い」おもい＋「槍」やり＝思いやり。

　的のどこをめがけて狙うのか？　→真中、中心。中の文字を消すと真心となる。

　真心をもって一本槍を通すと→必。

目的を達成するためには、真心をもって一本槍を通し、「できる」と口に10回出せば、叶になる。

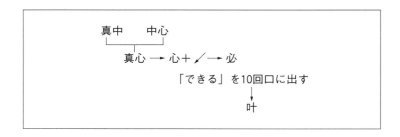

33

way of thinking

考える習慣は強い

今こそ「考える力」は大きな武器になる。

拷問とは、「肉体に苦痛を加えて自白を強いること」（広辞苑）を言います。

スマホやクラウドの普及で、多くの人が自分の脳内への知識の蓄積に励まなくなりました。蓄積がないので考える能力も低下しています。

ある中堅企業を短期間で作り上げた華僑はこう言います。

「現代の拷問は簡単です。自分で考えろ、と言えばいいだけですから」

そうです、現代の拷問は「自分で考えろ」です。もしやっつけたい相手がいれば、簡単に苦しませることができるのです。

そのため、**考える習慣を持っているだけで、怖いものが圧倒的に減ります。**

博学になる必要はありません。

ただ、自分で考える時間を毎日少しでも持つだけで、景色が変わって見えるようになります。

心に余裕ができるのです。

114

第3章　成功を引き寄せる「考え方」の法則

34
way of thinking

利他で利益を最大化できる
他人を利することで自分に返ってくる。

　「利他」とは仏教用語です。人格高尚な人が施しを与えるイメージを持っている方が多いでしょうが、華僑的解釈は少し違います。

　「他人を利する」のが利他ですから、**他人を利することで自分も潤うような形にすれば、下心があっても利他は成立します。**

　自分が達成したいことがあったら、だれかに協力を依頼しなければなりません。そして、達成したい願望はあなたの頭の中にしかないので、他人が100％理解することは不可能です。

　協力を依頼された人は自分で考えたことではないので、どのようにしたらよいのか、などの疑問が出てきます。

　その疑問をすべて消し去るように、懇切丁寧な対応を心がけます。このときは自分を捨てて、他人の疑問や質問に対して全力で頭と体を使います。

　達成するビジョン自体はあなたが考えたものですが、他人から見える行動として表に出るのは、私心なき相手に尽くす姿です。

　下心があっては利他の実践はできない、というのは単なる思い込みです。

　施しと利他の違いを知ることで、陰陽使いがうまくなります。

115

35

way of thinking

科学的根拠を信用しない

「実物」を見るようにする。

　「科学的根拠がある」という言葉を信用してしまう人は多くいますが、科学的であるという意味がわかっていない証拠です。

　科学的根拠があるというのは、反証できるということです。

　反証とは、ある理論に反する実験結果や成果が出たら訂正される、ということです。

　要は、くつがえることが前提なのが、科学的なのです。

　今現在、科学的と言われていることは、単なる仮説です。

　これと同じで「実証済み」という言葉があります。

　実証とは、数式と実験データが一致することを言いますので、数式を触ればどのようなデータであれ、実証済みと言えるようになります。

　ですので、**科学的、実証済み、という言葉に華僑が引っかかることはありません。**

　どこかの偉い人が推薦している、なども同じです。本国中国では、まったく縁もゆかりもない人が突然、その分野の権威になったりすることは日常的にありますので、権威によって態度を変えることもしません。

　色付けよりも「実物」を見るようにすれば、混乱しないのです。

第3章　成功を引き寄せる「考え方」の法則

36
way of thinking

非常識を恐れない
常識は常に変わっていく。

　常識に従っていればうまく乗り切れるだろうと考える人は、常識というものは時代とともに変化してきたという視点が抜けています。

　昔は男尊女卑が当たり前でしたが、今そんなことを言えば大変なことになるかもしれません。

　将来の夢はお嫁さんになること、と女の子が気軽に言えない時代となっています。

　常識は時間の経過とともに変わるものであり、場所を変えても変わります。

　華僑の故郷中国では、恰幅がいい人が歓迎されます。日本やアメリカではお腹が出ていると自己管理ができない人とのレッテルを貼られますが、中国では「貧相だから、もう少し食べなさい」と言われます。

　美意識も変わります。今はアゴのエラを削る美容整形が流行っていますが、昔の大和美人というのは下ぶくれ顔です。

　常識を気にする必要はまったくありません。法を犯すわけではないので気兼ねなく常識破りをしましょう。

　同世代から見たらイケてる壮年男性も、若者から見たらただのそのへんのオヤジなのです。

117

37

way of thinking

伝えて利益を取る

上手に伝えることができると付加価値がつく。

　利益構造が変わってきている中、人も企業も付加価値で勝負すべし、と言われています。

　高機能 ≠ 高付加価値

　高価格 ≠ 高付加価値

　手作業で丁寧に作りました、というのは付加価値でしょうか？日本の農産物は非常に丁寧に作られていますが、高付加価値商品として扱われているでしょうか。そんなことはありませんね。

　車のフェラーリの生産台数はトヨタの0.1％未満ですが、営業利益率は圧倒的にフェラーリのほうが高いのです。付加価値があるからです。

　独自の世界観を伝えることができると、高付加価値につながります。

　華僑は低粗利で数をさばいて利益を稼ぐか、高付加価値で数少なく売って利益を稼ぐかをいつも考えています。

　数がさばけないなら、独自の世界観を伝えましょう。

　華僑のおきまりの世界観は、ゼロからの出発です。

　何もないことを喜びましょう。それが高付加価値の世界観への入り口になります。

第3章　成功を引き寄せる「考え方」の法則

38
way of thinking

相手の理＝自分の利
自分の理より「相手の理」で自分の利になる。

　相手が理不尽だ、と怒る人は大勢いますが、それは自分の「理」（理論・理屈）と違うだけのことです。

　自分の「利」（利益・利息）を優先したいなら、自分の「理」はどうでもいいことなので、「相手の理」に合わせておけばいいだけです。

　自分の「理」を尊重すれば、相手の理不尽を暴いて怒らせてしまったり、自分の理不尽を暴かれる前に怒って対抗したりなど、無意味な諍いが起こり、自分の「利」からどんどん遠ざかります。

　頭を下げればいいだけです。

　「私の理とは違いますが、あなたの理を尊重します（私の利のために）」

　これで窮地に立たされることもなく、利を得るチャンスを失うこともなくなるでしょう。

　利と理の違いに目を向ければ、世の中に腹立たしいことはそんなに多くないことに気づきます。

119

39

way of thinking

失敗アピールで感謝される

失敗したらネタができたと喜ぼう。

　陽のポジションに居続ける危険性をこれまで何度も述べましたが、周りのためになり、自分にも都合のいい陽のポジションがあります。

　それは「過去の失敗」です。

　人が頼もしく感じるのは、出世街道まっしぐらで順風満帆の話よりも、紆余曲折の話ができる人です。

　誰しも自分が犯した失敗の話はしたくありません。

　失敗を恐れる人は、失敗そのものよりも、失敗してからのリカバリの方法がわからないから恐れるのです。

　あなたが以前に失敗した話をできれば、それは失敗のリカバリ方法を知っている人という評価を受けます。

　失敗の話で陽のポジションになっても、妬み嫉みを買うことなく、存在を存分にアピールすることができるのです。

　もし今、何か失敗をしたとしたら落ち込まずに、数年後の武勇伝のネタができたとニンマリしておきましょう。

　あなたの引き出しには、失敗をリカバリした凄い人のネタが入ったのです。

第3章　成功を引き寄せる「考え方」の法則

40
way of thinking

選択肢は無限にある

あなたにはどこにでも走り出せる力がある。

　結局最後は、コネクションがあるエリートが勝つんでしょ、と思っている人は、世界のお金儲けの代名詞となっている華僑を見ましょう。

　だれ一人エリートはいません、エリートなら他国へ移住などしていません。

　日本人である筆者が華僑社会に入り込めたのは、中国語が話せるからではありません。彼らが条件を問題にしないという考え方だったからです。

　エリートの比喩としてサラブレッドという言葉が使われることがあります。サラブレッドは決まったコースを速く走れるように身体作りをし、メンテナンスを受けています。

　そんなサラブレッドにデコボコの山道を走らせたらどうなるでしょう？　速く走れないどころか骨折してしまうでしょう。

　人間界のエリートも同じです。決まったコースを速く走ることができますが、それは一流の条件が整っているのが前提です。雑多な条件下で走ることに慣れていないばかりか耐性もありません。

　雑種のほうが圧倒的にチャンスは多いのです。エリートでないことを喜びましょう。どこにでも走り出していけます。

121

41

way of thinking

明日はないから今日を楽しむ

今日うまくいかなくても明日という今日に備える。

「明日はゴルフだ、楽しみだな」とワクワクして寝られなかったという経験はだれにでもあるでしょう。

そんな明日を楽しんだ人はいません。

なぜなら、朝起きたら今日になっているからです。

未来は想像することはできても、未来を今経験することは永遠にできません。

過去は体験の集大成ですが、体験し直すことはできません。

過去を悔やまず、未来を案ぜず、今この時に応じた行いをし、それすらも執着しないという言葉を華僑は大切にしています。

「将らず迎えず、応じて而して蔵めず」（荘子）

昨日の出来事は今日の出来事ではありません。

今日うまくできなくても、明日という新しい今日に備えましょう。

今日は何回も経験できるのです。

今日やろうと思ったことをできなかったとしても自己嫌悪に陥る必要はありません、今日は生きている数だけあります。

先伸ばしをして「やってしまった」と後悔しそうになったら、「将らず迎えず、応じて而して蔵めず」を思い出しましょう。

第4章

確実に「成果」をあげる
非常識な行動ルール

01

action principle

目を見て話すと騙される

本心は「口元」に表われる。

　「目を合わせない」「目を見て話さない」など、相手が目を見て話すかどうかは、何かやましいことがあるかどうかを見抜く、という意味でよく使われています。

　多くの日本人が子供の頃から、「目を見て話しなさい。目を見れないということは何か悪いことをしたり、隠しごとをしているのでしょ」と言われて育ちます。

　大人になってからも謝罪の場面などで「目も見れないのか？」などと目で誠意を求められる場面がよくあります。

　駆け引きを得意とする華僑は、それを逆手に取ります。

　目は嘘をつくので、目では見破れない、と。

　小さい頃も含めて目で誠意を表わすように無意識レベルまで浸透している多くの日本人は、実は目で嘘をつくのに長けているのです。

　目で反省の意を表わさなければ、説教はおろか、話も前に進みません。そういう事情もあり、皆が目で嘘をつく訓練を受けているのです。

　では、華僑は相手のどこを見ているのでしょうか？

　それは「口」です。

124

第**4**章　確実に「成果」をあげる非常識な行動ルール

　会話しているときを考えるとよくわかりますが、口は目より
もよく動きます。**よく動く口だからこそ、自意識でコントロー
ルしにくいのです。**

　目は口ほどに物を言う、と言われる日本人の口元はまったく
ノーマークなのです。

　華僑や本国の中国人の食事時間が長いのは有名です。

　**食事をしているときは、口が常に動き、嘘を見破りやすいと
考えている**からなのです。

　想像してみてください。

　怒られている人が目は伏し目がちにし、口で謝罪の言葉を述
べている。目だけを見ていると反省しているように見えますが、
奥歯を噛みしめていれば、それは「悔しい」という感情を隠し
ています。

　「素晴らしいですね」と褒め称え、目は笑っていても、口の
片側に歪みがあれば、心の中では「この程度のおべっかで喜ぶ
のか」とばかにしていることがわかります。

　慣れないうちは、口を見ても相手の感情の起伏を読むことは
難しいですが、今日から相手の口を意識するようにすれば、相
手の感情が手に取るようにわかるようになります。

　口の動きは人によって癖がありますので、その癖を見破り、
すぐに対策を打てるように練習をすれば、目で嘘をつかれても
安心です。

125

02

action principle

普通のものを買わない

そして皆がすることはしない。

　近頃流行っているシェアリングエコノミー。

　日本や世界では最近やっとシェアが盛り上がってきましたが、異国の地でゼロから一旗揚げようと考える華僑たちの間では、これは随分と前から当たり前のことでした。

　自分が持っていなくても友達や知り合いに借りればいい、外国人として暮らす彼らにとって、それは自然なことだったのです。

　シェアリングエコノミーと並ぶ流行りのキーワードに、インスタ映えがあります。

　普段はミニマムな生活を送り、その反動でネット上では人とは違う自分をアピールしたい、という人で溢れています。

　その最たる例が、一点豪華主義や普段行かない高級店での食事や旅行などです。

　一般人の豪華なブランド品や高級ホテルなど、誰が見ても分不相応な写真は世界中の笑い者になっています。

　皆がするから自分もする。

　不相応なことをしたところで皆もしているのですから、何も

他人と変わり映えせず、**普通**になってしまっているのに気づかないといけません。

　「時計を替えたいな。セイコーなら20万円くらいで買えそうだ」

　「ボーナスも増えたことだし、今年は奮発して家族を連れて海外旅行に行こう」

　すべて普通の行動であり、華僑とは真逆の行動です。

　華僑は、ある日突然、お金持ちになります。

　一攫千金を狙っているからではありません。

　お金持ちになるまでは、ビジネス投資をするために節約につぐ節約に努め、利息や配当で生活できるようになってから、欲しいものをいっぺんに購入します。

　お金持ちになる前の華僑は、車を持っていないこともよくあります。

　メンツ主義の彼らは、普通の車には乗りたくないのです。

　車に乗るなら、メンツが立つ高級車が買えるようになるまでバスや電車で我慢するのです。

　その昔、「いつかはクラウン」というトヨタのCMがありましたが、日本では少しずつランクを上げていくという文化が醸成されています。これに乗っかっているようでは、自分が普通であると世の中に宣言しているようなものです。

　いっそのこと、定年まで一切車は持たず、定年と同時にメルセデスを購入したほうが、周りをあっと言わせることができるでしょう。

03

action principle

競争せずに出世する

余計な話をしないほど資本効率は高まる。

　一般的な会社であれば、ポジションが上がるにつれて給与もアップします。

　それは上役のほうが労働量が多いからではありません。

　上級社員のほうが資本効率が高いので、経営者（資本家）から見て高い給与を出してもペイすると判断されているのです。

　経営者はオフィスや仕入代金などの資本を提供します。

　社員は、その資本を使って会社に利益をもたらす労働をしているのです。この指標が資本効率です。

　上役は資本効率がいいと認められているので、権限も大きくなります。

　上司と部下のやり取りで多く見られるのが「これこれこうです」という報告に対して、「わかった。ではその方向で進み、これを加味しておいて」などというもので、上司は口数が少なくなります。

　もうおわかりですね。

　おしゃべりするほど、出世が遠ざかるのです。

　話せば話すほど、時間がかかるため資本効率が落ちるのです。

　ライバルを蹴落とす必要などはなく、おしゃべりを減らすようにすれば、出世するような仕組みになっているのです。

第**4**章　確実に「成果」をあげる非常識な行動ルール

04

action principle

進んで奴隷になる

利用してもらわないと価値が伝わらない。

　人に使われたり、利用されたり、指示されるのを嫌がる人がいます。そのような人は、まだまだ思考が浅いと言えます。

　華僑は自ら進んで奴隷になります。

　これはイエスマンになって自分を利用させることによって、利用価値をわからせるための作戦なのです。

　自分のアイデアを真似されて、その人が出世でもしようものなら、会社を辞めてしまいたくなるかもしれません。

　しかし、アイデアを真似した人が一番あなたの頭の切れ味を知っているのです。心の中ではあなたを必要としているのです。

　私は複数の会社を経営していますが、吹けば飛ぶようなベンチャー企業です。それでも錚々たる大企業と取引をしています。

　取引企業の担当者は、私より年下でも名刺を武器に偉そうな態度をし、ジョイントベンチャー案件などでは私のアイデアをさも自分が考えたかのように発言します。ですが、それでいいのです。

　この企業が私のアイデアを実現させるために、私の会社を外すことは実際問題、無理なのです。

　奴隷を演じられる人は、気づけば貴族になっています。演じた者がいつの時代も勝者になるのです。

129

05

action principle

順番待ちは生存能力を下げる

早く進む心意気を持つ。

華人は並ばず、横入り・順番抜かしを、さも当たり前のような顔でやってのけます。

文化の違いではすまされないほどの図々しさです。

横入り・順番抜かしをする彼らは、逆にそれをされたときも怒りません。

常に生存競争と考えていますので、うまく入り込めた人間は頭がいい人と称えられます。

ダーウィンの話を持ち出すまでもなく、生物として生き残るためには、変化にいち早く対応できる能力を身につけておく必要があります。

大人しく順番を待っているのは、生存能力という面から見れば、生き残れる確率は極めて低いでしょう。

日本には日本の秩序やマナーや文化がありますので、**横入りや順番抜かしを奨励はしませんが、その心意気は大いに学ぶべきでしょう。**

ビジネスパーソンであれば、この理屈がおわかりになるでしょう。後から入社したからといって、先輩を抜いて出世できないわけではありません。順番を抜かしたからと出世した後輩の邪魔をすれば、上司（後輩）の力でつぶされてしまうのです。

第4章　確実に「成果」をあげる非常識な行動ルール

06
action principle

「忙しい」は無能アピール
新しい仕事へのチャンスがなくなる。

　華僑の師匠は**「忙しいと言う＝チャンスなし」**と言い切ります。

　「忙しいと口にする人は絶対にダメです。いつも忙しい、時間がない、と言っている人に頼み事をしますか？　新しい仕事のチャンスを与えますか？　忙しいと言っている人は、チャンスがないのです」

　日本では、「忙しいアピール」をしたほうが、一生懸命頑張っていると思われる風潮がまだ残っています。

　筆者のサラリーマン時代、私は早朝出勤をするタイプだったので、周りよりも2時間早く仕事をスタート。日によっては定時より前に業務が終了ということもありました。するとさまざまな新しい仕事を割り振ってもらえました。

　華僑の師の言葉通り、忙しいと言っている人はそこ止まり。人事考課でも「頑張っていますね」でしかありません。

　普通に考えたらわかることです。

　現在の自分の業務で予定がパンパンの人に、新しいプロジェクトへの声がかかる可能性は限りなく低いでしょう。

　どんなに忙しくても、**忙しいと口に出したら負け**と心得ましょう。

131

07

action principle

話を盛ることで成長できる

盛ると、気持ちも盛り上がる。

　華人は話を盛ることで有名ですが、その盛り方は間違いなく世界一でしょう。**過去の武勇伝などは5割増し。年収を聞いたら10割増しで答えるなど朝飯前です。**

　食事に誘われて3万円のフルコースを振る舞うよ、と言われたら2000円の定食。次は5万円だよと言われたら2000円の定食にデザート追加程度、というくらい盛って話をします。

　彼らは嘘はつきませんが、そのまま聞いていたら、ただの嘘つきとしか思えません。

　未来の自分を想定して、これくらいやってやる、という目標と盛り具合いが一致していることがわかれば、こちらも前向きな気分で割引きながら楽しんで話ができます。

　一方、日本人は、なんでも謙遜、差し引いて話をするので、逆にどこまでが本当の話なのかがわかりません。

　華僑の間でプラス思考、マイナス思考という話題にはなりませんし、そもそもそのような概念がありません。

　盛れるのがその人の目標であり、その人の目線なので、マイナス思考になりようがないのです。

　今日から盛り盛りマンになることをお勧めします。沈んだ気持ちなど浮かんでこなくなるので不思議です。

第**4**章　確実に「成果」をあげる非常識な行動ルール

08
action principle

タダ働きは儲けの泉
無料のお試しがあるほうが選ばれやすい。

　「どう？　使ってみる？」が発展途上の華僑の常套句です。

　「使ってみないと利用価値があるかどうかわからない」は華僑の師の言葉です。

　日本人は人に利用されることを極端に嫌います。利用されたら、何だかバカにされたように感じるのでしょう。

　それは間違っている、と華僑の師は断言します。

　「モノを買う場合でも同じでしょ。使ってみないと使い勝手がいいかどうかわからない。利用してみないと利用価値がわからない。これはヒトの関係でも同じ。利用されたくない、という人はあなたの価値は永遠に誰にも伝わりませんよ」

　これからワンステップもツーステップも上昇しようと考えるなら、口先だけの人間になってはいけません。

　「私は○○ができます」と周囲に言って回ったところで、その信憑性は誰にもわかりません。

　それどころか、あいつは手を動かさずに口ばかり動かしているとマイナス評価を招きかねません。

　それよりも「無料で使ってください」「利用してください」と言って、利用価値、使用価値があることを実感してもらうことが大切なのです。

133

09

action principle

まずはなんでも受け入れる

広い視野を手に入れられる。

　人によって育った環境も違えば、経験値や能力・スキルも違います。

　同じ現象に対しても、違う角度から見ているため、価値観は一緒なのに、意見が違い、誤解し合うということはよくあります。

　Ａさんは家族のために残業も土日出勤もせず、さっさと家に帰って家族との時間を大切に考えています。

　Ｂさんは家族のために立身出世しようと、サービス残業に土日出勤にとフル活動で働いています。

　ＡさんとＢさんは行動がまったくの反対ですが、家族を大事にするという意味においては、価値観が同じです。

　価値観が同じなのに、取っている行動は敵対するくらい違うのです。

　華僑の師から、私はよく「盲目に象」の話を聞かされました。盲目に象とは、象のことを知らない何人かの盲人に象をさわってもらい、どのような動物なのか説明せよと告げると、各人が別のところを触って、

「長くて曲がる蛇のような動物」「足が太い動物」「皮膚がザラザラした動物」「大きな動物」…

など、さまざまな角度から自分なりの意見や感想を言いますが、これらすべてが正解です。

真実は一つではない、という寓話です。

各人がさらにたくさんの場所を触っていけば、意見が近づいていき、全部を触れば多くの人が相手の言っていることが納得できるようになるのです。

盲目に象のような出来事は、頻繁に起こっています。

人が触った部分をまずは受け入れることがとても大切になってきます。

他人を変えようとせずとも、他人を受け入れれば、自分を変えることなく、幅広い視野を持てるようになるのです。

常に象のことを考えましょう。

10

action principle

無言の圧力で制する

沈黙はあらゆる場面で効果的。

「自分の口で説明しなさい」と、口で説明することを小さな頃から言われて育つ日本人は、沈黙に弱い人種と言えます。

人気者も華やかで、おしゃべりが上手な人であることが多いでしょう。

人間の耳は器用で便利にできています。

例えば、電車の中は音量計で測ると物凄い騒音ですが、小さな声でヒソヒソ話をしても聞こえます。そうです、聞きたいことはよく聞こえますし、聞きたくない雑音を遮断することもできるのです。

そのような耳の特性を考えれば、怒ったときに、怒鳴ったり、大声を出して威嚇しても相手に聞く耳がなければ、まったく耳には入りません。

華僑は家庭教育で、怒ったときの沈黙の大切さを覚えさせられます。

２時間の説教よりも２分の沈黙。

想像してみてください。怒っているであろう相手が突然、何も話さなくなる様子を。

不気味でもあり、何を考えているのかわからなくなり、恐怖を感じるはずです。やはり沈黙は金なのです。

136

第4章　確実に「成果」をあげる非常識な行動ルール

11
action principle

凡人の「なぜ」は無意味
「なぜ」を言わないだけで仲間が増える。

　原因を究明するためには、「なぜ」を5回繰り返せ、などのビジネスノウハウが当たり前のように語られています。

　「なぜ？」は、納得いかないという感情的な意見が含まれて発せられる言葉です。感情が入った言葉なのですから、客観的事実を導き出すための方法としては間違っています。

　なぜなら、「なぜ？」と質問された人は、相手の納得いかないという感情を鎮めるための答えを言おうとするからです。

　そのような性質のなぜを5回も繰り返せば、当然、人間関係に禍根が残ります。一歩間違えば、パワハラ扱いされて仕事が進まないハメにも。

　「どのようにしたの？」と聞けばいいだけです。

　HOWに対しては、相手のご機嫌取りも言い訳も必要ありません。質問された人は客観的事実を答えるだけでいいのです。

　なぜ、という質問が許されるのは、年端のいかない小さな子供だけです。

　大人の自覚がある人は、「なぜ」を使わないようにするだけで、仲間が増えます。

137

12

action principle

「なぜ」と言わせて優位に立つ

相手の疑問に答えていくと信用度が上がる。

前項で、「なぜ？」という質問は小さな子供の特権だ、と述べました。

逆に、華僑は相手に「なぜ？」と言わせるような会話の組み立てをします。相手を子供の手をひねるくらい簡単に操るためです。

部下や後輩、お客さんには「なぜ」と言わせましょう。

「なぜ」に対して即答できるように用意しておけば、相手からの信用度は格段に上がります。

相手に「なぜ」を言わせるための会話の設計図を描けるようになると、無駄なおしゃべりや言わなくていいことに口を滑らせるという危険を回避することもできるようになります。

あの人とは波長が合う、という言葉は最上の褒め言葉の一つです。

自分が話し続けるのではなく、答えを先に言ってしまわずに、相手の「なぜ」を待ってから続きの話をするようにするのです。

答えを先に言う。これもアジア人とは相性の悪い、アメリカナイズされたコミュニケーション法の一つです。

「なぜ」と言わせてから続きを話すようにすると、今まで苦手意識があった人とも仲良くできます。

第4章　確実に「成果」をあげる非常識な行動ルール

13

action principle

受けた質問はみんなに返す

目立たず、負けずのポジショニング。

　「どう思いますか？」と、複数の人がいる中であなたに質問を投げかけられた場合、とってはいけない陰陽の「陽」のポジションに立たされます。

　そのようなときは、質問者に対して返答せず、「今までの議論を聞いていると、このようなご意見が出てきました。どれも甲乙つけがたく素晴らしく感じます。順番に試してみてはどうでしょうか？」と、全体に対して返答します。

　わからない、と返答してしまえば、能無しのレッテルを貼られますが、「それぞれを判断した結果、全部採用しては」というニュアンスで全員に聞く形で答えれば、陽に立って、あなたはあのとき賛成したではないか、などと言われずに済みます。このようなポジション取りを**「不敗のポジション」**と言います。

　「善く戦う者は不敗の地に立ち、而して敵の敗を失わざるなり」。これは孫子の言葉です。

　意味としては、戦いに長けた人は、自らを負けないポジションにおいて、敵が隙を見せた機会を逃さない、です。

　あの人が勝者だとバレる勝ち方は、いい勝ち方ではないのです。

139

14

action principle

恩売り体質で恨まれなくなる

ごく小さな恩をたくさん売る。

「恩知らず」という行為は、絶対にやってはいけない行為です。

嫌いだからといって、義理を欠く行為をすると、その行為が
ずっとあなたの評価の邪魔をすることになりかねませんし、場
合によっては恩知らずの汚名が、交友関係までボロボロにする
危険性さえあります。

「大徳は小怨を滅ぼす」とは、『春秋左氏伝』に出てくる言葉
です。「受けた恩が大きければ、小さな怨みは消えてしまう」
の意です。

**あの人とは合わないな、ひょっとして嫌いかも、という人に
こそ、恩を売るようにしましょう。**

嫌いな人に大きな恩を感じさせるようなことは気分的に乗ら
ない、という場合でも安心してください。小さな恩をたくさん
与える方法もあります。

「いつもお疲れ様です」

この一言で疲れが吹き飛んだことがある人は大勢いるでしょ
う。この言葉を嫌いな人への日課にすれば、いつしか大徳にな
ります。大徳になればこちらのもの、多少怨まれるようなこと
をしてもバレません。

恩を刻んでいけば、楽々そこらじゅうに恩を売れるのです。

140

第4章　確実に「成果」をあげる非常識な行動ルール

15

action principle

あなたの応援団になる

恩を売るのは気がひけるなら「応援」する。

　前項で恩を売る、とお伝えしましたが、恩を売るのは簡単じゃないし、気がひける、という方もいるでしょう。

　恩を売るという言葉に少しアレルギーがある人は、「応援する」という言葉を使ってはどうでしょうか？

　「千金も一時の歓を結び難く、一飯も竟に終身の感を致す」は現代華僑のバイブルである『菜根譚』の言葉です。「大金をあげても喜ばれないこともあれば、茶碗一杯のご飯でも一生恩にきることもある」という意味です。

　砂漠でペットボトルの水が1本1000円で売れるのと同じ理屈です。

　常に勝利することは不可能です。超一流選手のイチローも全盛期に3割9分ほどの打率です。

　全勝を狙って敵を増やすよりは、ここぞというときのために普段は競合も含め、周りの応援をしておくことが利口です。

　優秀な人の邪魔をしたところで、あなたの邪魔とは関係なくスピード出世していきます。

　出世した後、やり返されるのは目に見えています。

　応援団長はプレーしなくても得をするのです。

141

16

action principle

自慢はセット販売

自慢をしたいならその前の失敗も語る。

　105ページで、失敗の先生になりましょう、と述べました。

　しかし単なる失敗の先生では、「あの人は過去の人」で終わるリスクがあります。

　失敗談をネタに浮上するには、失敗したからこそわかったその克服方法とセットで伝えるのです。

　誰しもうまくいけば自慢したくなるものです。

　自慢は気持ちいいものですが、無用な警戒心を招いたり、面倒な人だと思われるので、トータルで考えると必ず損をします。

　だからと言って、必ず誰かが見ていてくれる、という言葉を信じていては、気づいてもらえなかったときに功績が陽の目を見ません。

　失敗と自慢をセット販売するのです。

　こういう失敗をしたから、ここにたどり着いた、と話せばどうでしょう。誰にも自慢話には聞こえずに、実績をアピールすることができるのです。

　災い転じて福となす、は多くの物語のストーリーに使われていますが、そのようなストーリーは皆が好きです。

　自慢話なのに、興味津々で話を聞いてもらえ、できるやつだと尊敬を集めることができるようになります。

142

第4章　確実に「成果」をあげる非常識な行動ルール

17

action principle

「しょうもないこと」が大事

ちょっとしたことで人は喜ぶ。

　そんな小さなことをしても仕方ない、と考えている人は損を
しています。

　お金儲けの代名詞となっている華僑はなぜ、お金儲けがうま
いのでしょうか？

　華僑は落ちこぼれ集団です。本国で通用するなら日本よりも
よほどマーケットも大きく、チャンスも桁違いの中国で暮らし
ています。

　日本でもエリートはアメリカなどに留学したり転勤したりし
たとしても、最終的には日本で名をあげます。

　ではなぜ、華僑は日本で成果を上げられるのでしょうか。

　日本人に限らず、「大抵の人はしょうもないことで喜ぶので
楽勝だ」とある華僑はうそぶいています。

　あなたは昼休憩の時間が1時間から、終業時刻は変わらずに
1時間半になったら嬉しいでしょうか？

　嬉しい人が多いのではないでしょうか？　お叱りを承知で書
くなら、その程度のことで大の大人が喜ぶのです。

　筆者は複数の会社を経営していますが、ほぼ出勤していませ
んので、こうして書籍を執筆する時間もあります。

143

自社の自慢ではなく、小さな会社においてボスが出勤してこないということは、社員にとって嬉しいことなのです。
　「あれはどうなってる？」「売上予測は？」などと口うるさく言われなくて済むので、快適なのです。

　しょうもないことで人は喜ぶので、それを実践しているだけです。
　たまに会社に顔を出すと、緊張感が走るのを感じます。おそらく私が登場する前はだらけていたのかもしれませんが、そんなことは関係ありません。普段得していると思って働いているので、モチベーションは低くないでしょう。

　人はしょうもないことで喜ぶと覚えておくと、自分も楽になり、周りもリラックスして、いい環境で過ごせるようになります。
　人にも優しく、自分にも優しくすることを基本にすると、ストレス社会と言われる現代において、頭一つ抜きん出るのは簡単なのです。

第**4**章　確実に「成果」をあげる非常識な行動ルール

18

action principle

人望を得て、人気を減らす

出費の伴わない「人望」を増やす。

漢字で書くと違いは一目瞭然ですが、普段話しているときは、「人望」と「人気」は同じような意味合いで使われていることがあります。

人望とは、人に望まれることです。望まれる人とは責任を取ってくれる人を言います。

一方、人気は、単なる知名度だけのことが往々にしてあります。人気は認知度と相関関係にありますので、ド派手な格好をしたり、ネットで目立ったことをすれば一気に獲得することができるものです。

そうか、華僑は人望をつけて人をコントロールしているのだな、と思った人は早合点です。

人望がある人は、自分をコントロールしている人です。自分をコントロールできているので人に望まれるようになるのです。人望は自分との戦いなのです。

人気は自分でコントロールできないばかりか、才能が必要ですし、芸能人のようにプロモーションに莫大な費用がかかります。テレビに出ないような一般人同士でも、人気者になるためには必ず出費が伴います。

継続できるかわからないことへの出費はしてはいけません。

145

19
action principle

「信賞必罰」を機能させる法
周りを巻き込むと効果大。

　自分で設定した目標を達成するために、自分に対して「信賞必罰」を行っている人は多いと思います。ただ、そのほとんどがうまくいきません。

　韓非子の言葉で、たくさんの日本人が信賞必罰の言葉を知っていますが、理解が間違っているのです。

　これは、複数人に適用することによって効果を発揮します。**人を巻き込み、人に迷惑がかかる仕組み、人に喜んでもらえる仕組みにして初めて機能する**のです。

　罰の例としては、「決めた○○をできなければ、あのグループの人と1週間連絡を取らない」。

　これなどは自分が寂しいとか、不便があるだけではなく、相手方にも迷惑がかかる可能性が非常に高くなります。このような罰を用意することによって、罰を避けるための行動を促進する効果があるのです。

　賞の例としては、「関係者全員にボーナスを支給する」。

　これは周りの協力を得やすい状況となり、成功しないと周りも損をすることになりますので、驚くほどの応援を受けることができるのです。

第4章　確実に「成果」をあげる非常識な行動ルール

20
action principle

効率≠効果

「効果」を生む方法を考える。

効率アップの類の本や情報が、巷に溢れています。それを華僑たちは笑いながら見ています。

効率は効果とイコールではないからです。

費用対効果という言葉があるように、かけた費用や労力に対してどれだけの効果を得られたのか、というのが成果です。彼らにとっては、効果を上げるのが大事なのです。

効率よくしたからといって、実際に効果が上がるとは限りません。

例えば、お客さんと重要な連絡を取るときにスマホからメール1本で済ませるというのは、非常に効率的です。

ですが、「こんな重要なことをメールで済ませるのか」と怒らせてしまったら、それは効果ゼロです。

一方、わざわざ手土産を持って、相手先まで出向くのは効率的ではありませんが、「ご丁寧にありがとうございます」と感謝されたなら、効率は悪いですが、効果抜群です。

どのような場面でも、どれが効果を生むのかを考える習慣が勝ちを呼び寄せます。

ゼロにいくらかけてもゼロです。

147

21

action principle

矛盾したことを言うのは自由

人が話している内容は矛盾することもある。

華人たちは普段は無表情で何を考えているのかを悟られまいとしていますが、一度打ち解けると、堰を切ったように話し出す人が多くいます。

また、話す内容も矛盾だらけだったりしますが、一向に気にする様子はありません。

それを華僑の師に尋ねたことがあります。けろっとして次のように言われました。

「言っていることの矛盾はどうでもいいのよ。ただ考えていることの矛盾はないよ」

一瞬間を置いてから理解できました。

あるあるですが、「彼と付き合えたら死んでもいい」という言葉を何気なく発しますが、死んだら付き合えません。

このような場合、「彼と付き合えたら、私は○○のドラマに出てくるような素敵な彼女になる」だったら、実現の可能性は出てきます。

口に出せるということは、矛盾の可能性がある、と思って人の話を聞きましょう。

逆に、行動は考えと連動していますので、相手の言っていることは気にせずに行動を観察するようにしましょう。

第4章　確実に「成果」をあげる非常識な行動ルール

22
action principle

休むことに損も得もない
陰と陽の作業を使い分ける。

　投資の世界に、損切りと利食いという言葉があります。

　「損をしたら後悔していないでさっさと売りましょう。利益が出たらさっさと売りましょう」という意味で使われます。

　この行為を徹底できる人が相場に強い人と言われます。

　これは陰陽の側面から見ても同じ理屈です。

　活躍するときだけ陽に出て、功績をあげたらさっさと陰になる。機敏に動いていれば、損も得もないのです。

　この機敏に動くというところが大切です。

　機敏に動くためには疲れていたらできません。そのためにも疲れたと思ったら休みましょう。休むことには損も得もありません。

　しかし休まず動き続けると、必ずその無理がたたってどこかに影響が出てきます。

　陰陽で考えれば、疲れない方法も見えてきます。

　簡単なこと（陰）なら疲れないので、簡単なことを増やせばいいのです。例えば、数学の関数問題を解くのがしんどい人でも単なる加減乗除なら疲れません。加減乗除の次は一次方程式を解いていけば、疲れずにこなしていけます。

　やるほどに疲れなくなるというやり方もあるのです。

149

23

action principle

知ったことは胸にしまっておく

知ったことへの対応が一番難しい。

「淵中の魚を知る者は不祥なり」（韓非子）

直訳すると、「深い水中にいる魚の動きを知るのは不吉である」となるのですが、華僑的解釈でいくと、**人が胸中に隠している秘密や企みを知るのは後難の元**となります。

上記の言葉に関連づけて、韓非子は次のようにも言っています。

「知に処すること即ち難きなり」

知ってしまったことにどう対処するかは難しい、ということです。

肝に銘じるべきは、知ったことを知っていると相手に悟られないようにすることです。

お前の秘密を知っているぞ、などと言うのは攻撃されるので論外ですが、口に出さなくても何かの拍子に反応してしまい、知っていることがバレてしまうこともあります。

古今東西、秘密を知ってしまったばかりに後で悲惨な目にあったという話は枚挙に遑がありません。

一を聞いて十を知るは智慧者のように日本では扱われますが、**知らないフリが自分の身を守る**ことが多いことを肝に銘じておきましょう。

150

第4章　確実に「成果」をあげる非常識な行動ルール

24

action principle

準備万端が本番力を下げる

「想定外」に慣れて柔軟性を育む。

　あなたは本番に強いですか？

　本番に弱いのは予習重視のせいです。予習をすればするほど、型が固まります。予習と準備は似て非なるもの。

　準備は何かに向けてするものではなく、ここぞというときのためにやっておくものです。予習は不安を取り消すために行いますが、本番での感動を減らす原因になります。

　また、予習偏重は想定外に弱い体質になってしまうのです。

　プレゼンや商談をイメージしてみてください。想定外の質問が飛び出したときに頭が真っ白になった経験はないでしょうか？

　予習をしていなければ、想定外の質問が出て当然です。毅然とした態度で、「それは想定外ですね。一緒に考えましょう」と軟着陸することができます。

　予習を重ね、自分勝手な解釈を強引に推し進めることは、スピードと変化の現代には合いません。

　未知との遭遇を楽しむ華僑は、予習を否定します。

　ぶっつけ本番に慣れて「引き出し」を増やしていけば、想定外に柔軟に対応できるようになります。**想定外は自分を引き上げてくれるまたとないチャンス**なのです。

151

第5章

逆転発想でうまくいく 「人」との付き合い方

01

communication

できない人を大切にする

場所が変われば評価も変わる。

　華僑だからといって、誰もができる人ではありません。

　他のどの国、人種、会社でも同じように、できる人もいれば、そうでない人もいます。

　違うのはその扱い方です。

　華僑社会では、できない人も丁重に扱われます。できる人と同じように。

　理由は簡単で、できる人・できない人というのは、相対的なものだからです。

　○○ができたらできる人で、○○ができなければできない人、などの基準はどこにもありません。

　その組織やグループ内において、相対的にできる人とできない人に分けられるのです。

　ということは、**できない人がいてくれるお陰で、できる人が活躍できる**という捉え方ができます。

　中国古典の基本の考え方となっている、「陰陽」という考え方では、

　光があれば影がある。

　右があるから左がある。

第5章　逆転発想でうまくいく「人」との付き合い方

　上があるから下がある。

　これは万物に共通しています。

　できない人がいてくれるから、できる人が脚光を浴びられるのです。

　もしあなたが、自分の部下や上司ができない、頼りない、と嘆いているなら、それは間違っている可能性があります。

　そうした考え方は、自分の進歩を止める要因になるので注意すべきです。

　もし全員ができる人なら、できる人同士の競争になり、あらぬトラブルや蹴落とし合いを招きかねません。

　できる人が周りから褒められることによって、その人がチームやグループを引っ張っていく原動力になるのです。

　できる人の集団はストレスまみれになるということは、よく言われます。

　できない人を大切にすることによって、人格も磨かれ、できない理由を知ることができ、あなたのさらなる飛躍が待っているのです。

02

communication

一流への投資は見返りが少ない

ダメな人にはダメになるノウハウが蓄積されている。

　「ダメな人」だと周りから烙印を押されている人とは、華僑独自の付き合い方があります。

　ダメと言われている人にこそ、お金も時間も投資します。

　日本人は避ける人が多いでしょう。

　成功している人、順調な人に寄っていく人は大勢います。

　あなたがそれらの人に貢献しても、覚えてもらえる可能性は限りなく低いです。

　お礼をされるときも、分散されて少なくなります。

　費用対効果が悪いのです、優秀と言われる人への投資は。

　ダメだと言われる人は、何かに失敗した人です。

　失敗した人は、他の人が持っていない隠された極意を持っています。そうです、失敗の当事者というノウハウです。

　失敗の当事者は、皆が避けて通ろうとしますので、結果、失敗当事者のノウハウは世の中に出回りません。

　そこに投資をすれば、大当たりの可能性ありです。これはギャンブルではありません。逆張りのリスクヘッジができた状態なのです。

　ダメな人と付き合うことで、失敗しないための人脈ポートフォリオができるのです。

156

第**5**章　逆転発想でうまくいく「人」との付き合い方

03
communication

交友関係は広める前に固める
身近な人との良い関係は勝手に広がっていく。

　人脈術などの書籍が、書店に溢れかえっています。それだけ多くの人が人脈の重要さを認識している表われでもあります。

　華人は現在の中華人民共和国になるずっと前から、法治よりも人治国家として国を治めてきました。

　また現代では、WeChatなどのアプリを使い、人から人へ瞬く間にそのネットワークは広がっていきます。

　そう聞くと、人脈づくりの達人の華僑から人脈の広げ方を学ぼうと思う人も少なくないでしょう。

　ですが、彼らは**意図して「広げる」のではなく、意図して「広がる」のを待つ**、という姿勢を取ります。

　華僑流の人付き合いの基本は「相手を利する」です。

　まずは相手に得をさせる、ということになります。

　一度得をさせて終わりではありません。何度も何度も得をさせて、その評判が広がるのを意図的にコントロールします。

　私の場合で見てみましょう。華僑の師匠に弟子入りしたときから、これは現在も継続されています。

　弟子入り直後に、「この封筒を全部出しておいて」と言われたことがあります。気になったのは、ダンボール箱に入ったすべての封筒に切手が貼られていなかったことです。

157

これも修行をさせていただく授業料だと思い、2000円分くらいの切手代を自分で出し、その作業を終えました。

　すると師匠は、「ご苦労さん、助かったよ。これ切手代ね」と、なんと1万円をくれたのでした。

　あるときは、作業量が多くて朝から14時過ぎくらいまでパソコンへの入力をしていました。

　「今日のランチは抜きだな」と思っていたら、「ご苦労さん、ランチ食べ損ねたね。安いランチタイム終わっているから、これで食べてきて」と5000円を渡されたのです。

　夕食で5000円なら普通ですが、昼食なら一流ホテルで食べることができるので、ヒルトンホテルに昼食に行ったのでした。

　そのようなことが繰り返されると、「パブロフの犬」状態になってしまうのです。

　無意識に、師匠から何か頼まれると絶対に得をする、という気持ちになるのです。

　この技を知った私は、たくさんの人と知り合おうとするのではなく、目の前のご縁のあった人にとことん得をしてもらうように行動するようになりました。

　元来、出不精の私ですが、何か困ったら彼（筆者）に頼めば人脈豊富だからなんとかしてくれるよ、という状態になりました。

　実際には私自身の交友関係は広くはありません。ですが、それほど広くない交友関係でも、そのうちの誰かに頼めば、目的の人と会える状況にはなっているのです。

　身近な人を徹底的に利することが、あなたの人付き合いを広くしてくれるのです。

第5章　逆転発想でうまくいく「人」との付き合い方

04
communication

相手の都合を考えない
相手のメリットを考えれば問題ない。

　日本では、遠慮、謙遜、阿吽の呼吸が美徳とされています。文化としては大切に残しておきたい素晴らしい考え方です。

　ですが、ことビジネスに関しては、遠慮ばかりしていてはチャンスを逃してしまいかねません。

　華僑たちは、提案したいことがあれば、思い立ったら即行動と、すぐに相手のところへ押しかけます。

　突然の訪問は相手の迷惑になるのでは、などと考えるのは取り越し苦労か、言い訳のどちらかだと認識すべきなのです。

　訪問時にもし先客がいて、それがライバル会社などであれば、大歓迎です。

　先方としては気をつかって「今は接客中なので」などと綺麗に断ろうとしてくると思いますが、「もしかして○○社さんがお見えですか？　ならば、こちらで待たせていただきます。弊社も御社へお邪魔しているとわかれば、油断できないと思って頑張られることでしょう」と伝えれば相手も納得するはずです。

　このような先読み提案ができるようになれば、アポイントの有無など関係なくなります、相手にとってメリットになる訪問になるからです。**相手の都合を考えない代わりに、相手のメリットを考えておけばいいのです。**

159

05

communication

後院失火

自分の基盤を守れないようではダメ。

　華僑たちは戒めの言葉や早帰りのときに、「後院失火」という言葉をよく使います。

　院とは家のことを指します。

　帰るべき後ろの家の火消しを先にしよう、「後ろが気になっている状態では前の敵とは戦えない」という意味で使われます。

　私が華僑社会と接点を持つようになったのは華僑のボスこと師匠との出会いですが、師匠もよく後院失火の話をしていました。

　一介のサラリーマンから華僑の師匠へと弟子入り志願したときに「家には帰らず、どんな仕事でもやってのけます」と宣言したのが、弟子入りの許可を遅らせました。

　華僑からすると**後院失火できない人間は、イザというときに弱い、と解釈します。**また、無責任な人間という烙印も押されます。

　管理ポジションであれば、自分の家さえもコントロールできないと、管理能力を疑われる原因となります。

　格闘技などの危険な競技でも、後ろから攻撃してはいけないというルールがあるから、安心して前の相手に集中して戦える

第5章　逆転発想でうまくいく「人」との付き合い方

のです。

　今では少しは薄らいできましたが、家庭を一切顧みず、仕事に専念することがよし、とされる時代が長く続きました。

　ですが、ビジネスも人生のパーツとして見る華僑にとって、仕事のみに集中するのはパーツが揃わないことである、と捉えます。

　後院失火は、家族関係だけではありません。

　これは友人関係にも及びます。**友人との楽しいひとときがない人生は、パーツが欠けた人生**と考えています。

　損得勘定抜きの友人を大切にすることがビジネスにも関係する、という考え方には一理あります。

　ビジネス現場では、お客様のため、会社のために尽くして喜んでいただき、その結果としてお金をいただくという流れになります。

　身近な友人を大切にできない人が、遠くのお客様や会社を大切にできるでしょうか?

　仕事の関係上、家族や友人との時間を優先するのが難しい環境の人もいることでしょう。

　そのような場合は無理せず、両立させることを意識するだけでも随分と見える景色は変わってきます。

　例えば、晩ごはんは一緒に食べられないけれども、朝ごはんは一緒に食べる。

　平日はなかなか顔を合わせられないけれども、週末は家族や友人優先を実践するなど、できることから始めてみればよいのです。

161

06

communication

メリットのない付き合いも歓迎

メリットは後から考えればいい。

　忙しい現代人は、誰かと付き合うときにメリットがあるかないかで判断しがちです。その考え方がいけないわけではありませんが、メリットを後で探すという考え方もあります。

　権謀術数使いの華僑たちにとって、じっくりと戦略を練る時間は非常に貴重です。しかし、常にその時間があるとは限りません。

　私などのような凡人は耳にタコができるくらい師匠に言われたものです。「あほが考えてもあほの答えしか出ない。バカな思考がもたらすのはバカな結果のみ」。

　ではどうすれば…、と途方に暮れていた私に師匠が答えを授けてくれました。

　「相手にお金があったらお金を取る。相手にお金がなかったら相手の経験を取る。相手にお金も経験もなかったら友達になる」

　誰と付き合っても、お金を取りっぱぐれても、ノウハウを吸収できなくても、友達になれば、その人の時間を使えるようになります。

　商魂民族です。タダでは転びません。これを意識するようになってからは即断即決ができるようになりました。

162

第5章　逆転発想でうまくいく「人」との付き合い方

07
communication

嫌われ者の近くはメリット
たくさんの友達とお金に恵まれる。

　あの人は評判が良くないから近づくのはやめておこう。

　目をつけられたら大変だ。

　しかし華僑は、喜んで嫌われ者と付き合います。

　華僑にとって、一番のリスクは普通であることです。

　嫌われ者は、周りの人と違うので嫌われているのです。

　一般的な日本人は、人気者の周りに群れたがります。

　人気者はたくさんの人に囲まれ、たくさんの人からお声がかかるので、普通の人は彼らの記憶に残りません。

　あなたが、よほど人気者に貢献できたり、覚えられるような特技でもない限り、忘れられた存在で終わるのは火を見るよりも明らかです。

　嫌われ者は、嫌われる理由があります。

　人と違うから嫌われるのです。態度や思想、言動など…。

　人と違うことをよしとする華僑流は、多くの嫌われ者やはぐれ者と付き合うことによって、普通の人、人気者の周りに群れている人よりもたくさんの友達とお金に恵まれるのです。

163

08

communication

いつものお店に行かない

上司や顧客の行きつけを聞き出す。

いつもの店は落ち着くものです。

誰しも行きつけのお店が1軒や2軒はあるでしょう。

あなたがこれからお金持ちになったり、立身出世したいと願うなら、もうその店へは行かないほうがいいでしょう。

居心地のよい空間というのは、その来店客とマッチするようなコンセプトで店を運営しています。

もし、あなたがまだお金持ちではない、まだ出世する前の段階なら、今通っているそのお店がピッタリなはずです。

「お金持ちや立身出世をしている人をメンターにしたいです」という声をあちこちで聞きます。

身近にいるではないですか。上司があなたの身近なお金持ちで、身近な出世している人なのです。

上司の行きつけのお店を聞きましょう。

「部長はきっと良いお店をご存知なんでしょうね。実は週末に田舎から両親が来るのですが、私がいつも行っている店ではなく、少しは格好をつけたいと思っておりまして」などと聞けば、喜んで行きつけのお店を紹介してくれるでしょう。

第**5**章　逆転発想でうまくいく「人」との付き合い方

　上司の行きつけの店を聞き出すのも華僑流です。
　プライベートな話をビジネス絡みの人に話すことによって、難なく懐に入り込むことができるのです。

　お店を紹介してもらって終わりにしてはいけません。
　必ず紹介された店に行き、よく店を観察してそれを話題にした報告を上司にします。
　贔屓は贔屓を呼びます。上司がご贔屓にしている店を落とせば、上司を半分落とせたようなものです。
　一度の晩ご飯代で、今後の人生が変わる可能性があるのです。
　こんなに投資のしがいのあることは、そうそうありません。
　紹介されたお店では良いお客さんになりましょう。
　良いお客さんとは、お店にとって費用対効果の高い人です。
　高いオーダーをする必要はありませんが、長っ尻せずに、サッと来てサッと帰ると良い印象を残すことができます。そして当然、その店に合った雰囲気のお客である必要があります。

　お金持ちの特徴は、お金を出しても教えてくれないのです。当たり前の話です。お金に困っていないのですから、お金では解決できないのです。
　「お金で教えを買わない」と心しておきましょう。

165

09

communication

「大義名分」操縦法

人を動かすのは、社会に役立つなどの大きな理念。

お金持ちから皆が学びたがるのは、ノウハウです。

マインドを学ぶ人は多くいますが、残念ながらマインドだけ学んでも元気にはなれるものの生活は変わりません。

ノウハウは当然、無料では手に入らないわけですが、お金持ちに対して「あなたを儲けさせる案件を持ってきます」は響きません。

ではどのようにして華僑たちは、お金持ちから旬のノウハウを獲得するのでしょうか？

それは大義名分を利用するのです。

お金持ちはお金に困っていないこともありますが、お金で動く人と思われるのを嫌います。

ですが、**大義名分があれば、動いてくれる可能性があります。**

大義名分を使って、利と理を交換するのです。

利とは当然、こちらの利益です。理とは相手の理論、理屈です。

お金持ちの理論、理屈が社会に役立つ、というようなパフォーマンスをするわけです。

演じるが勝ちです。

「やはり考えていることが大きいですね、社会に広めるべきです」は殺し文句の一つです。

第5章　逆転発想でうまくいく「人」との付き合い方

10
communication

どんどん人に使われる
利用されて相手のノウハウを得る。

　自分よりもレベルの高い人は、たくさんのブレーンを抱えています。

　その中に侵入して、ノウハウを盗んだり、抜擢されるためには、使われるように、利用されるように振る舞うのが利口なやり方です。

　133ページでも述べたように、利用されて、それがタダ働きだったとしても、利用価値が伝われば、もっと大きなチャンスのときも使ってもらえるでしょう。

　上司などにどんどん使われるのは嬉しいことなのです。

　一般的に、自分より上役やお金持ちの仕事の中身をすべて見ることはできませんが、**利用されることによって、どのような動き、発想をしているのかを実地で無料で学べるのです。**

　こんなにいいことはないでしょう。

　こちらが無償で労働を提供すれば、あちらのノウハウが無償で手に入るのです。

　こんなにおいしい取引は滅多にありません。

　使われるほど、得をするのです。

167

11

communication

立候補したければ推薦する

他人を推すことで自分ができる。

　セルフブランディングをしよう、といった言葉が聞かれるようになりましたが、ブランディングなど大手企業やエリートにやらせておきましょう。

　一般人はポジションで勝負すべきなのです。

　新規事業のメンバーに選ばれたいと思ったときに、真っ先に手を挙げて立候補する人は、後先を考えていないと言えます。

　もしその新規事業がうまくいかなければ、立候補した人間は使えない奴の烙印を押されることになります。

　前向きな気持ちが仇となるのです。

　では、常に下を向いて指名されるのを待っていればいいのでしょうか？　そんな受動的な態度では何事もなせません。

　自分よりもレベルの低い人を推薦しましょう。ポイントは自分よりもできない人を推すことです。

　周りの人からすると、「○○さんより、君のほうがいいんじゃない？　君やってみれば？」となるはずです。

　この手は華僑の十八番です。推薦されてやることになるので、失敗しても推薦した人の責任、うまくいけば自分の功績です。

　ローリスクハイリターンは存在するのです。

第5章 逆転発想でうまくいく「人」との付き合い方

12

communication

付き合う相手はメリットで決める

好き嫌いで判断すると損をする。

　社会にはいろいろな人がいます。

　当然、価値観や意見が違う人とも一緒に過ごすことになるのですが、ここで好き嫌いで物事を判断する人は、大きなストレスを抱えながら生活することになります。

　損得で付き合う人を決めてはいけない、と修行僧のような人の言葉を真に受けていると、自分が一番損することになるのです。

　メリットがあるかどうかで人付き合いを決めるのです。

　メリットがない者同士は綺麗に別れることができます。

　これは同じ職場内においても同様です。

　できない部下やできない上司であっても、その人のなんらかの能力を自分が利用するメリットを見出すことができる人が、いわゆる優秀な人です。

　162ページで述べたように、メリットは後から探せばいいのです。

　好き嫌いで判断すると、価値観の違う人のいいところがわからず損な人生を送ることになります。

　メリットで付き合う相手を決める人が、世間的にもいい人という評価を得るのです。

169

13

communication

人付き合いの極意

まず相手に貢献する。

　運はとても大切な要素です。ですが運まかせに生きて、うまくやれる人はごく一部の天賦の才を持った人に限られます。

　華僑たちは「良師益友」といって、良い師匠につき、素晴らしい友人がいてこそ、素敵な人生を送れると考えています。

　良い師匠との付き合い方は学校では習いません。そこで、これはという人に教えてもらおうとする人がいますが、これは間違っています。

　良い師匠との良い付き合い方は、その師匠に貢献することです。師匠に手とり足とり教わっているなら、その関係は先生と生徒です。学校に学費が必要なのを考えればわかりますが、カネの切れ目が縁の切れ目となってしまいます。

　師匠が教えたくなるのは手を煩わせる人ではなく、師匠の背負った重みを代わりに担ぐことのできる人です。良い師匠は、心配しながらもあなたに大切な荷物を持たせてくれる人です。

　師匠との付き合い方がわかれば、素晴らしい友人との付き合い方も自然とわかります。師匠との付き合い方と同じだからです。

　そう考えると、自分の周りには師匠も友達もたくさんいるのです。

第5章　逆転発想でうまくいく「人」との付き合い方

14
communication

お見合い期間が大切
普通の状態のときの相手を見極める。

　上げれば下がる。左があるから右がある。陰があるから陽がある。これは自然の摂理です。

　すべてが表裏一体、これは人のモチベーションにも言えることです。上がっているときは、誰でも調子が良く、声も大きくなり、話も弾みます。

　そのため、相手が下がった状態について知ることが必要になります。

　セミナーや書籍、SNSなどで気分が高揚している者同士が意気投合することはよくありますが、その盛り上がりが持続することはそれほどありません。

　なぜなら、お互いが上がった状態で出会っているからです。

　上がった状態は同じでも、下がるタイミングや下がる深さは人によって違うので、後で考えると「あれ、なんか違う」となってしまうのです。これを頻繁にやると、お金では買えない信用を失うことになります。

　どんなに盛り上がっても、**相手の下がった状態を知らないうちは、お見合い期間として割り切りましょう。**

　お見合い期間というのは、昔の人の知恵の結晶です。これは今でも十分に通用する考え方なのです。

171

15
communication

賢いウサギは三つ穴を掘る
人付き合いも分散投資を取り入れる。

　中国古典の『戦国策』に、「狡兎三窟」という言葉があります。

　現代では資産を一箇所にまとめないための言葉としてよく使われます。

　ほとんどの日本人は、お金を「円」で日本の銀行に預けています。

　これは完全に思考停止をしていると言わざるを得ません。

　大事なお金をリスクヘッジなしに置いておくのは、何も考えていないと言われても反論はできないでしょう。

　あなたは３年後、円安になっているのか円高になっているのか予言・予測できますか？

　円高になると確信を持っているなら、円と日本の不動産を持っておけば良いでしょう。

　円安になるかも、と思っているなら外貨に換えておかないと思考と行動が矛盾していることになります。資産がみるみる目減りするのを黙って眺めているだけになります。

　円安になるか円高になるかわからないのであれば、円と外貨を半分半分に分けて持っておくのがノーマルな判断です。

　これで二つの穴を掘ったことになりますので、もう一つ、債

券や不動産などに分散しておきましょう。

これは人付き合いでも同じことが言えます。
あなたは３年後、誰がどのポジションで、自分がどのようになっているかを言い当てることができるでしょうか？
できないのであれば、それなりの対策をしておかなければ、運まかせの人生を送ることになります。

自分の人生の手綱を自分で握りたいなら、ダークホース的存在や目立たない人とも少しは交流をしておくべきです。
流れが変わったときのことを考える人は、常に安定しています。

〈３種類の人と付き合う〉

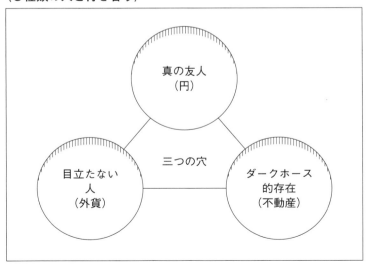

16

communication

友人にはあらゆることを話す

「お金」の話ができる友人を作る。

　華僑の友達の条件は、お金の話ができる、ビジネスの話ができる相手です。

　本来、額に汗して仕事をしてお金を稼ぐのは尊いことなのに、勤務時間中以外にお金やビジネスの話をするのを嫌がる人が増えました。

　趣味で何かの収集をしている人は少なくないでしょう。

　好きだから集める。お金、ビジネスの話が好きじゃないのにお金を集めるのは至難の技です。「好きこそ物の上手なれ」です。

　「在家靠父母、在外靠朋友」は、華僑と飲むと出る諺です。

　「実家にいる間は親に頼る、実家を出たら友達に頼る」という意味です。頼るからには、なんでも話せないと友達とは言えません。

　お金以外のことならなんでも話せるという日本人は多いですが、華僑は貯金の額から給料の額まで友達同士で話します。

　当たり前ですよね。**ツールであるお金にこだわってそれを隠す意味など、どこにもありません。**お金の過多で人格が決まるわけではないのですから。

　お金と仕事の話をすれば、簡単にお金を収集できるような情報が入ってきます。

174

第5章　逆転発想でうまくいく「人」との付き合い方

17
communication

人後紹介してもらう

その人の背景を聞き出して早く、深い関係を作る。

　初めて会った人とは、自己紹介をしたあとでも、なかなか仲良くなれないのが日本人です。

　相手が何者かがわからない、という警戒心も働いているのでしょう。

　もっと言えば、その人に利用価値があるのかどうか、付き合う意味があるのかどうか、などを見極めてから付き合おうと考えているのです。

　頭の中であれこれ考えて想像の世界にいるのはスピードが遅くなるだけなので、さっさとその人の経歴やバックグラウンドを単刀直入に聞いてしまいましょう。

　初めて会った人に、経歴などを根掘り葉掘り聞くのは失礼ではないかと感じるかもしれませんが、自分に興味を持ってもらって嫌な気分になる人は想像以上に少ないものです。

　言いたがらないのは、どんな利用のされ方をするかわからないからです。

　「あなたのようなご経歴やお知り合いがいれば、私の知っているあの人と会っていただいたら、意気投合するはずです」と

175

目的をハッキリと伝えればいいのです。

　華人同士では、相手の背景や人脈を聞かないのは失礼に当たります。あなたには利用価値がない、と言っているようなものなのです。

　例えば、女性に年齢を聞くのは失礼という暗黙の了解が日本にはありますが、そんなことを気にしても仕方ありません。

　年齢は年齢なりに、素敵な歴史があるのです。

　年収を聞いても失礼ではありません。

　年収レベルとしては間違った投資などをしているのを教えてあげられる可能性だってあるのです。

　家族やその友人のことも、どんどん詳しく聞いていきましょう。

　相手が平凡な人で、そのつながりをうまく活用できていない可能性も十分に考えられます。

　その人の周りに立派な人がいれば、その人が役立たずでも立派な人を活用してあげることによって、相手の立身出世のお手伝いができます。

　根掘り葉掘り聞くのは相手のため、なのです。

第5章 逆転発想でうまくいく「人」との付き合い方

18
communication

「嫌い」は自分にないもの
勉強させてもらうことで無敵になる。

　あれは好き、これは嫌い、と好き嫌いを露わにしている人がいます。

　だいたいにおいて、嫌いだというものは自分にないものです。

　「羨ましい」とどこかで思っていることの裏返しなのですが、この羨ましいという感情はよくありません。

　『広辞苑』で羨ましいという言葉を調べてみると、「うら（心）のやまし（病む感じ）」といった意味だそうです。そうです。羨ましいと感じる気持ちは心が病んでいく様子なのです。

　嫌いな人の悪口は、嫌いな人を引き寄せます。

　これはスピリチュアルではなく、単純に悪口を言う＝相手に興味があるというメッセージをこちらから発信していることに他ならないからです。

　メッセージを受け取った相手は、それに反応するので、さらに嫌な思いをすることになります。

　嫌いな人は自分にないモノ、コトの鏡なのです。嫌いな人やものの悪口を言ってはいけません。それは自分が持っていないだけです。

　嫌いと感じたら、「勉強になります」と頭を下げることによってあなたが無敵に近づきます。

177

19

communication

できる範囲でやるのがスマート

もっと気軽に相手を受け入れる。

コミュニケーションのキモは、その人を受け入れても仲良くなる必要はないということです。

受け入れてしまったら最後まで責任を持って付き合わないと、と思うので慎重になったり、付き合いに我慢を強いられたりするのです。

例えば、何かで困っている人がいるとします。自分の予定のある時間までは手伝ってあげる。自分の予定の時間が来たら、「では」と言って去ればいいのです。

すべてを受け入れなければ、受け入れたら最後まで、というのはスマートではありませんし、重く自分にのしかかり、結果的に相手に迷惑をかけてしまう危険さえあります。

条件付きで、と肩肘をはらずに気軽に人間関係を捉えるともっと楽になるでしょう。

そんな関係はずるいし冷たいし嫌だと思うかもしれませんが、情を入れずに付き合うことによって、常に自分の軸がブレなくなりますので、1本筋が通って、相手もあなたとの関係に居心地の良さを感じてくれるでしょう。

「気軽に受け入れるけど、全部は受けれない」を実践すれば周りが明るくなります。

178

第5章　逆転発想でうまくいく「人」との付き合い方

20

communication

投資先は人

仲間と食事をして語らうことも投資。

　投資というと、最近は投信や株、FXなどが流行っています。**華僑が行うのは、当たり前のように人への投資**になります。

　金融商品では年利10％もあれば驚くほどの利回りですが、人はその100倍に化けたり、1000倍に化けたりすることも珍しくありません。

　人に投資をするといっても難しいことをしているわけではなく、仲間と食事をしながら楽しく近況を語らい、情報交換をして親睦を深めているだけです。

　現代の傾向として、会社の人と飲みに行ったりする機会が減り、そんなことをしてちゃダメだよ、とまで言われる風潮があります。正に契約社会のアメリカの真似事です。

　日本人は歴史的に見ても、契約でガチガチに縛ったやり方に不慣れです。

　そんなアメリカナイズされたスタイルに慣れようと頑張るよりも、肩の力を抜いて仲間や上司、部下と仕事の話も交えながら語らいましょう。

　会社では反対されていたことも、お酒を飲んでリラックスした状態で話すと、すんなり意見が通ったりするものです。

179

21

communication

おいしいのは好かれず嫌われず

好かれずに、目立たないのが最上。

　一昔前の景気が良かった頃の日本のサラリーマンの処世術として、「遅れず、休まず、働かず」というものがありましたが、華僑流は「好かれず、嫌われず、利用される」となります。

　好かれるのはリスク、と華僑の師は断言します。

　好かれると、ずっと好かれたいという思いが芽生えてきます。

　ずっと好かれたいという思いが大きくなってくると、多くの人からコントロールされやすい状態になってしまいます。好かれたいがために。

　嫌われても問題ありです。

　誰も言うことを聞いてくれなくなりますので、やれることの限界がすぐにきてしまいます。

　老子の「進んで敢えて前とならず、退いて敢えて後ろとならず」が参考になります。

　人を押しのけて先頭に立つとリスクがあり、ビリになると足切りを食らうリスクがある。

　できるだけ目立たないようにするのが、最善の処世術なのです。

180

第5章 逆転発想でうまくいく「人」との付き合い方

22
communication

隠し事がなくなる秘密ワード

「事情を教えて」で、ありのままを話してくれる。

　報連相（報告・連絡・相談）がないのも困りものですが、嘘の報告をされるのは、間違った判断をしてしまうもとになるので、さらに困りものです。

　嘘には、意図的な嘘と結果的な嘘があります。

　意図的な嘘とは誤魔化そうと企んで相手に伝えることですが、結果的な嘘は、ありのままを報告せず、自分がどのように感じたかを伝えてしまった場合に、相互理解に齟齬があって生じるものです。

　この結果的な嘘も、意図的な嘘も封じ込めるワードがあります。

　「事情」という言葉です。

　誰にでも事情はある。

　何か事情があったのでしょ。それは仕方ないから事情を教えてくれないか、で一発解決です。

　事情を伝えるだけですので、何かの言い訳をする必要もなければ、誰かが悪者にもなりません。だからありのままを話させることができるのです。

　事情をうまく使えば、相手の隠し事をサラッと聞き出せるようになります。

181

23

communication

悪口は弱みの自己宣伝

自分では言わず、人にはどんどん言わせる。

　誰かの悪口は言わないのが身のためです。

　これは道徳的な面からではありません。

　悪口は、177ページの「嫌い」と同じで、そこに自分の弱点があると宣伝しているのと同義だからです。

　口汚い人が多い華人ですが、人の悪口は言いません。もちろん、性格がいいからではありません。

　自分のために言わないのです。

　自分が言わないだけで、相手には悪口を言わせてもいいのです。

　なぜなら、悪口には「だから、あなたもしっかりしてくださいね」という意味のメッセージが込められていることが少なくないからです。

　自分は言わないけれども、人が話す悪口は聞く。

　日本では悪口を言わず、悪口を聞かず、と言われますが、情報収集の意味でも、人が言う悪口は弱みの自己紹介や、自分へのメッセージかもしれないと、真剣に聞いておきましょう。

　悪口にもいい情報が隠されていると思えば、人の愚痴を聞くのも楽しくなります。

第**5**章　逆転発想でうまくいく「人」との付き合い方

24
communication

好きなことは隠す
好きなことは知られないほうがすべてに吉。

　自分の好きな話題は嬉しいものです。だからといって、「私はその話題が好きです」と表明してはいけません。

　好きなことが相手にわかれば、好き勝手できないようになるのです。

　華僑たちが好きな韓非子の有名な言葉があります。

　「好を去り悪を去れば、群臣、素を見わす」

　意味は、君主が好き嫌いを表に出さなければ、臣下の本心を知ることができる、ということです。

　あなたを機嫌良くしようと思えば、あなたの好きな話題から入り、ご機嫌にします。そこから誘導するのは容易です。

　部下や後輩に好き嫌いがバレてしまえば、その好き嫌いを使ってあなたを簡単にコントロールできる状況を招いてしまいます。

　好き嫌いがバレたら致命傷と考えても考え過ぎではありません。それくらい好き嫌いというものは表に出してはいけないものなのです。

　逆に人の好き嫌いがわかれば、その人を操るのは簡単なのです。

183

25

communication

腹を割って話そうでハメる

話のもっていき方で情報が手に入る。

「正直者は報われる」と言われて育った日本人は、交渉ごとが苦手と言えるでしょう。

正直にしていれば大丈夫というのは、グローバル化した今、甘えでしかありません。

「返報性の原理」に弱い人は多くいます。

返報性の原理とは、デパ地下などの試食コーナーで、たくさん無料で食べてしまうとなんだか悪い気になって、欲しくもないのに買ってしまうといった、何かを受け取るとお返しをしなければ、と思ってしまう心理のことです。

腹を割って話そう、と言われると誰しも身構えるでしょう。

そこに情報収集のチャンスがあります。

腹を割ると言ったからといって、何か特別なことを言わなければならないことはありません。

どうでもいい話をたくさんするのです。

そのどうでもいい話を聞かされた相手は、腹を割る＋返報性の原理＝大切なことを話さなければ、となります。

あとで恨まれないためにも、どうでもいい話に嘘を混ぜてはいけません。

言葉のセレクトで思わぬ宝が手に入ります。

第**5**章　逆転発想でうまくいく「人」との付き合い方

26

communication

「類友」判断は正しい

人を見るとき、どこを見るか。

　人間観察はとても大切です（208ページ参照）。

　観察を自分の財産にするためには、「自分は誰のことをよく知っており、誰のことをよく知らないか」を明らかにしておくことです。

　相手のことを知るために華僑は、戦国時代の魏の李克が人を見るときのポイントとしてあげた五つの着目点を見ます。

　①　普段誰と親しくしているか

　②　金持ちなら何にお金を使っているか

　③　上席者なら誰を登用してきたか

　④　困窮しているなら何をしないで耐えているか

　⑤　貧しいならどのようにしてしのいでいるか

　華僑が重視しているのは、もちろん①の誰と親しくしているかです。類は友を呼ぶからです。

　価値観や意見が違う人と長時間一緒にいたり、頻繁に会う人はいません。友人をたどっていけば、ターゲットとなる人の価値観を見抜くことができます。

　とくに日本人は阿吽の呼吸や建前をよく使うので、本人から情報を取りにくいことがよくあります。

　そんなときでも、友人を見れば見破ることが可能なのです。

185

27

communication

明哲保身

陽のポジションからはすぐに下りる。

　妬みや嫉みなどはどの世界でもあるものです。うまくいってそれで終わりということは滅多にありません。油断は禁物です。

　我が身を安全に保ちたいなら、できるだけわからないように、目立たないように功績を立てなければなりません。

　せっかく功績を立てたのだから脚光を浴びたいと願う心は、邪念であると戒めておくのが利口な振る舞いです。

　功績を立てたときはスポットライトが当たる陽のポジションにありますので、急いで舞台から下りて陰のポジションどりをすべきなのです。

　例えば、部内の会議で意見が割れたときに自分の企画が採用されれば嬉しいものですが、そこで嬉しさを露わにしてはいけません。採用されなかった人は悔しさを噛みしめています。

　そのようなときは、その企画実行の際の重要ポジションに企画を採用されなかった人を推薦しておきましょう。

　メンツ社会である華人は、常に相手を立てることを忘れないので、敵を無用に増やすリスクは全部つぶしていくのです。

　敗れた人にこそ手を差し伸べましょう。後ろから蹴りを入れられないように。

第5章 逆転発想でうまくいく「人」との付き合い方

28
communication

悪人に気に入られない
悪い人物は避けるに限る。

　それなりのポジションに就いている人でも、悪事に手を染めている人は必ずどこかで失墜します。

　悪事でいいポジションに就ける人はそれなりに頭を使っていますので、どこかでその悪事の責任を誰かに負わせようと企んでいます。

　「私の踏み台になってくれ」とわかりやすく言ってくることはなく、なんらかのメリットを匂わせながら近づいてくるのが定石です。

　「薫蕕雑処せば、終に必ず臭とならん」（宋名臣言行録）

　直訳すれば、香りの良い草と臭い匂いの草を一緒に入れれば臭い匂いが勝つ。

　悪い人と付き合えば、必ず悪い結果を招きます。

　逃げるが勝ちです。逃げたのがバレると逆恨みされますので、悪い人の目につくところにいる場合は、常に他の人も一緒になるようにしましょう。

　絶対に2人きりにならないようにすれば、逃げているとはわかりません。それまでと同じように付き合って、1人になるタイミングを狙われないようにすればよいのです。

187

29

communication

うるさい人は間接褒め殺し

人の口を使って褒めて、とりあえず無害な人になる。

　自己顕示欲が強く、常に自分を過大評価し、輪の中心にいないと機嫌を損ねて、チーム全体はおろか、他部署の人にも迷惑をかける人がいます。

　このようなタイプに目を付けられたら、おちおち有給休暇もとっていられません。

　こういうときは、褒め殺しに限ります。

　直接褒めてもこのタイプは斜に構え「私のご機嫌取りか？」と、逆にターゲットにされてしまい、やぶ蛇になりかねません。

　こういうときは人の口を使うのです。

　その人がいないところでは皆、悪く言っているはずですので、「あの人は素晴らしいと思いますよ」「できるタイプはああいう人ですね」など、思ってもいないことを吹聴しましょう。

　それに尾ヒレがついて、本人の耳に入ることになります。

　自己顕示欲の塊の人は、認めた人間は無視しますので、噂が広まった時点であなたは無事、その面倒な人から無視されます。

　間接的な褒め殺しはいろいろなところで使えますので、ぜひともマスターしてください。

188

第5章　逆転発想でうまくいく「人」との付き合い方

30

communication

名もなき人には名を

中途半端な人は褒め称えておく。

　フラット化し、他人とつながりやすくなった現代においては、従来なら付き合わなくてよかったような人との接触や交流をすることが増えています。

　感覚や物事の処理スピード、優先順位の違いなどにいちいち反応しているとストレスの原因になってしまいますが、誰ともコンタクトを取らずに仕事を遂行していくのもまた難しい話です。

　「名を以て中人を厲ますべし」（近思録）

　「名声は二流の人にとって善行の励みになる」という意味ですが、逆説的に考えれば、**二流の人を頑張らせたかったら、名声を与えればいい**、となります。

　わざわざ駆け引きをしてくるような人には「あなたはフェアなところがすごく素敵ですね」と言っておけばいいのです。

　言われた人は、フェアでなければならないことに囚われます。

　面倒なことを言ってくる人には「いつもお気づかいいただきまして、立派ですね」と言いましょう。

　相手は喜んで、もう少し気をつかったほうがいいのかな、と工夫をしはじめるでしょう。

　名もなき人には名を与えましょう。

189

31

communication

センスより性格

大事なのは陰陽の調節ができること。

　才能豊かで性格もいい、そんな素晴らしい人材とはぜひとも
お付き合いしたいものですが、なかなか全方位的に万能な人は
いないものです。

　「徳は才の主にして、才は徳の奴なり」（菜根譚）

　「人徳は才能の主人で、才能は人徳の奴隷」ということで、
華僑は意外にも性格重視で人を選びます。

　才能は光の当て方で変わります。右側から光を当てれば左側
に影ができ、左側から光を当てれば右側に影ができます。

　相手の才能は、こちらの対応次第でどうにでもなるのです。

　中国では古来から「陰陽燮理」（書経）といって、陰陽の調
和を計るのはリーダーとしての大切な役目でした。

　才能が同じでも陰陽を調節すれば、どうとでもなりますが、
調和を乱すような、性格に問題がある人は才能があっても手間
ばかりかかってトータルでは組織に損害を出す人材です。

　才能に惹かれないようにしましょう。

　**才能とはあなたが見たい側面から見た、ある一面にしか過ぎ
ません。**そこだけで判断すると、痛い目にあうかもしれません。

第**5**章　逆転発想でうまくいく「人」との付き合い方

32

communication

お節介なアドバイスはしない

聞かれたことに的確に答えるだけでよい。

　仕事にしても、それ以外のことにしても、自分のやり方というものがあります。

　学生時代は教科書通りにやればそれが正解ですが、社会人になると人の数だけ正解があるとも言えます。

　そこで、自分とやり方や順番が違うことが気になる場面が出てきます。

　その順番は違うよ、と言ってしまったが最後、その人はあなたにアドバイスを求めなくなります。

　アドバイスを求められないということは、人心掌握に失敗したことを意味します。

　聞かれたときや頼られたときは面倒くさがらずに伝える、聞かれていないことは言わない、と決めておくのが正解です。

　聞かれたこと以外は言わないと決めておくと、辞典がわりになんでもかんでも聞かれるようにならないので、安心してください。

　必要のないプレゼントをくれる人よりも、迷子になったときの道先案内人のほうが感謝度は高いのです。

191

33

communication

ドロボウは極悪人か？

人の見え方は一面だけではない。

　ドロボウをすれば、当然、捕まります。

　あいつは悪いヤツだから刑務所で過ごせばいいんだ――。

　ドロボウ行為自体は擁護のしようがないくらい悪いことなので、しっかりと償いをすべきですが、思考がそこで終わってしまうと、陰陽の陽しか見ていないことになり、想像力が欠如していることになります。

　ドロボウにも家族がいます。

　ドロボウを働いて、そのお金で家族の住む場所やご飯をまかなっていることもあります。ドロボウの子供にとっては、家族のために身を危険にさらして働いてくれるいいお父さんということになります。

　これが陰の部分です、見えない部分です。

　わかりやすくドロボウの例を出しましたが、「あの人は○○な人」と判断するのは、ある側面を見ただけの感想ということになります。

　レッテルを貼ると頭を使わなくてよくなるので楽ですが、結局は、その楽さが人に操られる要素になってしまうのです。

　自分で自分の首を絞めないように気をつけましょう。

第5章　逆転発想でうまくいく「人」との付き合い方

34
communication

気が合う人より大丈夫な人

得意分野を持っている人とたくさん知り合う。

　ペットを見て「お前には悩みがなくてお気楽だよな」と感じたことはないでしょうか？　ですが、それは間違いです。

　飼い犬にも心配事があるのがわかっています。

　エサや散歩の時間を気にしています。飼い主と一緒にいられるかどうかを心配しているのです。

　犬に心配事があるのは、人に依存しているからです。

　人間も同じで、だれかや何かに依存してしまうと、心配事が増えてしまいます。

　依存しないようにするためには、「大丈夫な人間関係」を作ることです。

　大丈夫な人と華僑が表現する人は、法律に詳しい人、子育てに詳しい人など、何か得意分野を持っている人のことです。

　そのような人を多方面に持っておけば、誰かに依存するようなことはありません。ポイントは1人に一つのことを求めることです。

　1人に多くのことを求めると、依存が始まってしまいます。

　気の合う人と付き合うよりも、メリットを一つでも持っている多くの人と知り合っておけば、その中から仲良くなってもいい人を安心してセレクトできるようになります。

193

35

communication

心急吃不了熱豆腐

人間関係は時間をかけて作り上げる。

　タイトルは「熱い豆腐は食べられない」という中国語です。

　美味しく食べて幸せな気分にさせてくれる食事でも、食べるのを急ぐと火傷したり、味がわからなかったりします。

　とても残念なことについての戒めの言葉です。

　ビジネスや人間関係の構築も、急ぐと「心急吃不了熱豆腐」になってしまいます。美味しいものほど、じっくりとゆっくりと待つ必要があるのです。

　ネット時代の現代でも華人は中元・歳暮などの時節の挨拶は欠かしません。

　人間社会ということを最重要視し、人付き合いの中からしか何も生まれない、という考えが根強いのです。

　人付き合いが面倒に感じる人もいるかもしれませんが、ゲームのように楽しめばいいのです。

　ゲームにのめりこんでしまうのは「ザイガニック効果」といって、未完結な情報や中断されたものは、最後まで完結させないと記憶に残り続ける、という脳の特性によるものです。

　中元・歳暮は今時やらないものだからこそ効果もあり、一度やると途中で中断するのが嫌になってくるので不思議です。一度試してみてください。

第5章　逆転発想でうまくいく「人」との付き合い方

36
communication

強力なのは困ってから返答
少し気を持たせてからが効果的。

　なんでもかんでも即答してスピード感を出していれば、好感を持たれます。でも、もっと用意周到な方法があります。

　少し困ってから返事をすることです。

　例えば、「○○日空いていますか？」と聞かれたときに、「はい、最優先で」と答えたほうが喜ばれますが、印象づけには弱くなります。

　強く印象づけて、ただの約束を貸しにしてしまう方法は、

　「え〜と、そうですね。よし、わかりました。最優先にさせていただきます」

　です。先約があったけれどもあなたを優先しましたよ、というメッセージになります。

　一度無理かも、と相手は感じますので、ただの約束事なのに嬉しく思ってくれます。自分も感謝され、相手にも喜びを与えています。

　いちいち面倒だとは思いますが、きっと相手との関係に変化が出てくるでしょう。

195

37

communication

グレーゾーンが人間の器

白黒つけないだけで、悩みや不安は消える。

　人の悩みの大半は人間関係に帰結すると言われています。

　であれば、人間関係のゴールド免許を目指せばいいということになります。

　華僑は荒っぽいと思われているフシがありますが、車の免許のゴールド保有率は高いです。これはビザの関係もあります。

　事故や違反が一定期間なければゴールド免許になるわけですが、小さな減点の多くは、よそ見運転です。最近でいえば、スマホを見ながらの運転などでしょうか。

　それを人間関係にも当てはめれば簡単です。

　スマホをカバンの中にしまっておきましょう。それだけで最近の多くの人の減点材料から解放されます。

　イライラも事故原因の多くを占めます。

　イライラは自分の思い通りにならなかったときに起こる気持ちです。

　「自分の思い通りにはならない」ということを前提にしていれば、イライラの数は激減します。

　白黒つけない習慣をつけるだけで、ゴールド免許はすぐ目の前です。

196

第**5**章　逆転発想でうまくいく「人」との付き合い方

38
communication

「あなたは」から話す
自分の話をやめる。

　「なんでわかってくれないんだ」という思いは、リスクです。

　わかってほしいと願うのは、相手のことをわかっていない証です。

　自分は気づいていないですが、相手からあなたは見えています。あなたの反応を見ているか、反応に値しないと思われているのでしょう。

　わかってもらいたければ、私はあなたのことをわかっていますと伝えましょう。

　「私は○○をしています」と言うと、「ああ、そうですか」で終わりですが、「あなたは○○をされていますね」と言えば、「よくご存知で。ところであなたは？」とキャッチボールが始まります。

　「私は」から会話を始めると、あなたに興味はありませんということが伝わります。

　「あなたは」から会話を始めれば、友好関係を築けるようになります。

　主語にどちらを持ってくるか、という単純なことでコミュニケーションに大きな差が開きます。

197

39
communication

相手を見破る会話法
四つの物言いを知れば相手がわかる。

「詖辞（偏った話）」をすれば、何に疎いのかがわかる。

「淫辞（みだらな話）」をすれば、何に惑わされているかがわかる。

「邪辞（よこしまな話）」をすれば、どこで道を踏み外すかわかる。

「遁辞（言い逃れ）」をすれば、どこで行き詰まるかがわかる。

この四つは、孟子が発言の際の注意を促す意味で示していることです。人の発言からその人のうまくいかない要素を見つけ出してあげるためにも使えます。

疎い、惑わされている、道を踏み外す、行き詰まる、いずれも自覚するのは非常に難しいので、これを使って相手を導いてあげれば喜ばれます。

さりげなく察してあげるだけで、人間関係は良好なものとなります。

最先端の情報に疎くても、これらの話はできますので、年代のギャップを軽く乗り越えることができるでしょう。

「詖辞」「淫辞」「邪辞」「遁辞」の四つの語句を記憶しておきましょう。

第5章　逆転発想でうまくいく「人」との付き合い方

40
communication

和して同ぜずで疲れ知らず

同調しすぎないことが大事。

　人間関係で疲れたくないならば、和して同ぜずが必須です。

　「君子は和して同ぜず、小人は同じて和せず」（論語）

　意味としては、「君子はむやみに同調せず、自分の意見を持ちながら人の意見を尊重し、調和のとれた関係を築く。小人はすぐに同調するが、調和のとれた関係にはならない」です。

　SNS疲れなどは同調過剰の表われでしょう。

　自分の考えとは違っても、ある程度好意的な反応をしておかないと角が立つような気分にさせられているのです。

　対策としては、「そうなんですね」と同調するのではなく、「そうなんですか」と相手の意見を受け止めましたよ、というメッセージを送るだけでいいのです。

　「そうなんですか」と言っているうちに、気持ちもだんだん、そうなんですか、と軽く流せる気分になってくるから不思議です。

　スルーするスキルは、現代の必須スキルです。

199

第6章

「負けない」ために密かに考えていること

01

not lose

充実していないことを喜ぶ

充実していない場所では一人勝ちが狙える。

　なんであっても、充実していないということは、そこはガラ空きのポジションであると捉え、華僑は大喜びします。

　誰しも時間を忘れるほどの充実感を求めますが、その状態は一心不乱で、ほかのことに目が行かない状態にあるのです。

　そのようなときに攻め込まれると、結果はご想像の通りです。

　孫子も次のように言っています。

　「兵の形は実を避けて虚を撃つ」

　敵の力が充実しているところを避けて、守りの薄い虚の部分を攻めよということです。

　充実していないと感じるのは、一般的に楽しくなく、気乗りしないようなコトやモノに取り組んでいるときです。

　そのようなときこそ、チャンスなのです。投資で勝つ人もマーケットの歪みやズレを見抜き、利益を抜きます。

　華僑は中国という本国から、地域をずらして成功する人たちです。

　あなたが今、自分の本意とは違うことに取り組んでいたり、充実していないと感じているなら、そこは穴場です。そこを自分の本拠地にしてしまえば、戦いに勝ったようなものです。

　充実していないことを探せば、一人勝ちできるのです。

第6章 「負けない」ために密かに考えていること

02
not lose

長期的に考えて勝つ
目先では負けてもかまわない。

　立身出世を狙うにあたり、まず考えなければならないのが、今すぐ認められたいのか、それとも中長期的に認められたいのかを決めてから行動プランを練ることです。

　「一旦の功、万世の功」とは、劉邦が天下統一を成し遂げた際の古事に由来する言葉です。

　天下統一に貢献した部下たちの中で誰が1番の戦功者かを決めるときに、前線で活躍した曹参か、後方で活躍した蕭何で迷いましたが、「戦場での戦果は一時の功績、裏方としての戦略支援は長きにわたる功績」と、蕭何が選ばれました。

　今が勝負のかけどきなのか、それとも今は他の人に譲って長期的に評価を得るのかを決めておけば、じれることなく最終的に就きたいポジションを狙いやすくなります。

　どの組織においても、長期的に利益をもたらす人は途中で誤解などがあっても検証すればわかることなので、最終的に発言力が強くなります。

　短期か長期かの腹積もりができていれば、ストレスは激減するのです。

203

03

not lose

キーパーソンより伏兵

裏で動いている人物を見つけ出す。

　どのような組織においてもキーパーソンの心を掴むことができれば、スムーズにことは進みます。

　ビジネスも人間関係も、それ以外のことも「戦争」のように捉えるのが華僑流です。

　兵法書の『武経七書』には、次のように記されています。

「虚実の勢を識れば、則ち勝たざるなし」
（虚実を把握しておけば、勝たないわけがない）

　兵法でいう虚実とは、「ある・ない」「多い・少ない」ということです。

　相手の兵力や資金、将軍の才能など、あらゆるものの、ある・ない、多い・少ないを把握するように努めるのです。

　キーパーソンを攻めるのは、虚実を把握していることが多いか、虚実そのものであったりするからです。

　キーパーソンを意中にしても失敗する人はいますが、それは伏兵の存在に気づいていないからです。

　あるなしで言えば、「ある」のがキーパーソンです。

第6章 「負けない」ために密かに考えていること

何事も表裏があり、キーパーソンは表にいて、裏の「ないところ、少ないところ」に存在しているのが伏兵です。

伏兵は目立ちませんが、上層部からの評価が高いことが多く、直属の上司からは疎まれているので、ないがしろにされがちです。しかし、ここを押さえておかないと、あとでひっくり返されることになります。

キーパーソンは、華やかでリーダーシップがある問題解決型。

伏兵は、地味だけれどもチームや部下に貢献している目標設定型です。

問題解決型は、損をしたくないという人々の願望を解決してくれるので人気が出やすいのですが、問題解決で目標達成はできないことに気づいておくべきです。

あくまで目標達成をするためには、目標を設定して、そのものに対してしっかり取り組まないと功績は手に入らないのです。

キーパーソンと伏兵、陰陽両面を見てはじめて、あなたは安泰な立場になるのです。

常に、裏で何が動いているのかを考える習慣を身につけましょう。

205

04

not lose

出向いて油断を誘う

意表をついて相手をコントロールする。

　自分の「ホーム」では、誰もが安心できます。

　例えば、商談では相手方に自社に来てもらうようにすることなどはよく使われる手です。しかし、**華僑はあえて相手方を訪ねていきます。もちろん、相手を油断させるのが目的**です。

　アウェーでの基本は、安易な同調・賛同をしないことです。勢いに乗らせるのが目的ではなく、ホームという安心感で油断してもらうのです。

　安心すると、一般的に口が軽くなるものです。

　傾聴を基本とし、相手に気持ちよくドンドン喋らせ、饒舌になった頃合いを見計らって、無関係な質問を浴びせます。

　人の話を聞いていないのか？　と相手は多少気分を悪くするかもしれませんが、感情の起伏が激しければ、それだけ相手を揺さぶることに成功しているのです。

　感情が大きく動くと人はパニックに陥りやすくなります。そのときがチャンスで、普段だと簡単に不利だとわかるようなこともパニックを隠すほうに意識が向いてしまい、誘導が簡単になります。

　相手の懐に飛び込んで油断させましょう。油断させてから意表を突けば、相手はあなたの思い通りです。

第6章　「負けない」ために密かに考えていること

05

not lose

ルールがあればつぶす

勢いを止めないようにする。

　日本型経営が姿をどんどん変え、アメリカ型への移行が進んでいます。

　なんでも契約、なんでもルール。

　アメリカにも素晴らしいところはたくさんあり、素晴らしい国家です。ただ、人種のるつぼで、しかも歴史が浅いので、歴史が古くほぼ単一民族国の日本とは大きく事情が違います。

　「国のまさに亡びんとするや、必ず制多し」（春秋左氏伝）という言葉があります。

　「制度法令が多くなるは衰退の兆し」という意味で伝えられていますが、何よりも、ルールが増えると、そこにストッパーができるので勢いが止まります。

　勢いは何にも増して大切です。勢いは実力を凌駕するのです。

　「勇怯は勢なり」（孫子）とは、「勇ましくなるのも臆病になるのも勢い次第」ということです。

　爆買い、チャイナマネー、これは勢いだけですが、それだけで一国の体制に影響を及ぼすほどのパワーを持っています。

　ルールや規制をなくし、どうすれば勢いが出るのかだけを考えましょう。

207

06

not lose

弱い相手ほど要注意

ナメてかからず、自身の強さを隠す。

　相手の立場が弱かったり、下だったりすると、なめてかかったり、警戒しないことがあります。ですが、これは逆です。

　相手が弱いほど警戒しなければなりません。

　弱い人は身の安全のために、強い人を注視し、よく観察しています。

　一方、強い人は弱い人にやられることはないので、あまり観察していません。

　これは防衛本能上、そうなってしまうのです。

　弱い相手が自分の弱みをつかまないうちは安全ですが、一度弱みをつかまれると、同等や格上の相手より厄介です。相手にナメられてまったくコントロール不能の状態に陥ります。

　学級崩壊などが取り上げられます。どう考えても大人である教師が子供である生徒をコントロールできないのはおかしいと思いますが、本来、大人に勝てない子供たちは教師の観察をしており、弱点がわかれば一点集中で仕掛けてくるので手に負えなくなるのです。

　弱い相手に観察されないよう、強いことがバレないようにするのが一番の防御策です。

第6章 「負けない」ために密かに考えていること

07

not lose

愛する人が勝つ

「愛するのみ」の気持ちが勝利への原動力。

　愛されようという考え方は危険です。

　愛されたいという気持ちが育てば育つほど、自分の元から去っていかれるのを恐れるようになります。

　かわいがってほしい、愛してほしいと思う気持ちは、相手への迎合や媚びへとつながり、自分自身がペット化してしまう要因になります。

　媚びは女の眉と書きます。読んで字のごとく、伸びたり縮んだり、書いたり消したりと右往左往する様を表わしています。

　では、故郷を捨てて異国の地で成功を夢見、それを実現させていく華僑たちは、どのような愛の感覚を持っているのでしょうか？

　愛するのみ、です。

　メンツ主義の彼らは、愛されたいと迎合するくらいなら命がないほうがマシだと考えています。

　愛して、愛する人のために立身出世するのが愛情表現であり、メンツの保持につながります。それが勝つための原動力になっているのです。

209

08

not lose

振り子の法則で操る
心の揺れを自分でコントロールする。

　華僑たちの中には、人心の振れを使って悪さをする人間もいます。騙されないようにその手口を知っておきましょう。

　人は過去の記憶や蓄積されているデータをもとに物事を判断しますので、価値観が大きく揺さぶられると一時的な混乱をきたします。揺さぶりによく使われるのが恐怖です。

　「ここまで読んだあなたは危険な目にあいます」と断言されれば、誰でも多少の不安感を覚えます。そこにたたみかけるように、「あなただけでなく、家族のうちの２人も近いタイミングで…」などと言われると、さらに不安になってきます。

　不安感が強くなると本来持っているはずの自己防衛本能が働かず、思考停止状態になってしまいます。

　不安感で思考停止状態になっているところに「その災いから逃れる秘密の方法がありますので、そっと教えてあげましょう」と耳元で囁かれると、**振り子の法則で、相手がとても親切で優しい人に見えてしまう**のです。

　振り子の法則はさまざまなところで使われますが、使っている当人たちは「知らないほうが悪い」と意に介していません。

　不自然な話の流れだと感じたら、トイレに行くふりなどをして話にはまらないようにしましょう。

210

第6章 「負けない」ために密かに考えていること

09
not lose

トレンドの逆は狙い目
場所、時代が変わればトレンドも変わる。

　平成不況になる前は、ものづくり大国ニッポンと呼ばれ、いいモノを作れる人が尊敬され、需要もありましたので、エリートはこぞってメーカーに就職しました。

　時代は変わり、今はマーケティングやセールスができる人は引く手数多です。

　一昔前は、製造に関わらない人は格好悪いようなイメージだったのがウソのようです。

　現代のトレンドはIT技術者ですが、これも時と場所が変われば違います。

　新興国に行けば、製造技術者が歓迎されます。マーケティングやセールスなどは求められていません。

　日本で今後製造に関わる人は必要なくなるのかと言えば、そんなことはありません。

　歴史は繰り返すのです。

　製造に関わる技術者が少なくなれば、需給バランス上、絶対数が足りなくなるので、また引く手数多の時代がきます。

　今流行っているトレンドを追いかけると、常に遅れた人になります。

　トレンドに振り回されない人がトレンドに乗れるのです。

10

not lose

議論には負ける

時間のムダになることはしない。

面倒な人はどこにでもいるものですが、議論好きほど時間を無駄にする相手はいません。

「六合の内は聖人は論ずるも議せず」（荘子）

これは、「あらゆる出来事に対して、自分の論は持っているが、それに対しての良し悪しは言わない」という意味です。

議論というのは、それ自体が目的化していることが往々にしてありますが、そうしたことは哲学を楽しみたい人にお任せするのが利口です。

地球環境のことを考えてエコカーを選ぶ人が増えていますが、そもそも環境第一に考えるなら、自動車を使うこと自体が環境に悪いですし、では自動車工場はどうなんだ、などと議論は際限がありません。

議論をしていいのは、相手と共通のメリットがあるときに限定しましょう。

メリットが共通していれば、仮説と検証、意見の対立も前向きなところに着地します。

議論好きには勝たせてあげて、さっさと退散しましょう。

第6章 「負けない」ために密かに考えていること

11

not lose

勝てなければ楽しもう

勝てるところで勝てばいい。

　全勝ちもなければ、全負けもありません。

　人間関係においてもビジネスにおいても、すべて相手のほう
が上、すべて相手のほうが下ということは、あり得ません。

　**無理せず、勝てるところで勝たせてもらい、相手が上回って
いる部分は尊敬の念で拍手を送り、勝ってもらいましょう。**

　いい人のススメということではありません。

　相手の才能が素晴らしければ、それはそれで勝負を自分の楽
しみにしてしまった者が勝ちなのです。

　芸能人がいい例ですね。

　圧倒的な容姿、歌や演技が上手い、喋りが面白いなど、本人
は才能にプラスして涙ぐましい努力をしているわけです。

　こちらは何もせず、ただ凄いね、上手いね、楽しいね、美し
いね、と楽をしていろいろと経験させてもらえるのです。勝負
しても仕方がありません。

　羨ましいと思ったら、負け確定です。

　羨ましい＝うら（心）の病いが増す、行為なのです。

　楽しませてもらえば、相手も気分良く笑顔を振りまいてくれ
ます。

213

12
not lose

浅・浮・薄・軽を戒めて勝つ
勝つためには深・沈・厚・重でいく。

深沈厚重、磊落豪雄、聡明才弁。
『呻吟語』に出てくる立派な人の順番です。
堂々として何事にも動じず寛容な人物が１等賞。
豪快で細かいことにこだわない人物が２等賞。
頭脳明晰で弁が立つ人物が３等賞。

　一般的に人気がありそうな聡明才弁を三番目にするところが、
目の前の出来事に振り回されない奥深さを感じさせます。
　「深沈厚重」は、相手にたくさん喋らせ動かし、自分は多く
を語らず人を繰るというスタイルです。
　正に、周りを陽に立たせ、自分は陰でおいしいポジションを
取る企てを感じます。
　頭が良くて弁が立つ人ほど、思考や行動、計画を丸裸にされ
てしまうのです。
　自分の立場を常に安定させるためには、深・沈・厚・重を大
切にしましょう。
　反対に浅・浮・薄・軽にならないように意識すれば、あなた
の未来は安泰です。

第6章 「負けない」ために密かに考えていること

13

not lose

デメリットがあればチャンス

メリットよりもデメリットを見る。

　メリットの反対はデメリットです。

　では、成功の反対はなんでしょう？　失敗と答えた人は危険です。

　成功の反対は「何もしないこと」です。

　何もしなければ失敗はしませんが、「失敗」という資産が手に入らないばかりか、後退します。停止ではありません。

　自分は止まっているつもりでも時間は絶えず流れていますので、置き去りにされてしまうのです。

　「三利三患」（韓詩外伝）という言葉があります。

　「三つメリットがあれば三つデメリットもある」という意味で、もっと慎重になりましょうという戒めの言葉です。**華僑はこれを「三患三利」と反対にして、デメリットがあっても、その裏にはメリットもあると考えて、GOします。**

　人は快楽（メリット）を得るよりも痛み（デメリット）の回避を優先する人が大多数ですので、結果的にライバル不在のポジションやガラ空きポジションをやすやすと取ることができるのです。

　デメリットの裏には必ずメリットがあります。光の当て方を工夫しましょう。

215

14

not lose

勝った気にさせたほうが勝つ

油断したほうが負ける。

「お互いのためにうまくやりましょう」という駆け引きが、交渉というものです。

組織対組織の交渉でも、実務の担当者は一人の人間なのですから、人間心理を無視して交渉したのでは、負けるのが見えています。

人の感情をいかに動かすかが、勝敗を分けます。

相手とレベルが同じくらいの場合は、油断したほうが負け確定です。

勝った気にさせればいいわけです。

「到底思いつきませんでした」

「真似できませんね」

この2語に対して、油断しない人は多くありません。

これに対する応酬話法は、「いえいえ大したことはありません」「そんなことありません」しか出てこないはずです。

そんなあなたたち（御社）に協力させてほしい、という流れで話を運べば、相手は勝った気になるでしょう。

油断した相手は、いかようにも料理ができます。

建前をうまく使えば、常に相手は油断するのです。

おわりに

　ここまで、華僑のさまざまな思考法則をご紹介いたしました。
　どう考えても順調とは言えない社会人生活を送っていた私が、華僑の思考法則を身につけることによって得たものは数え切れません。

　お読みいただいた方は、すでにお気づきだと思いますが、本書は華僑礼賛や、ましてや中国人礼賛の本ではありません。
　グローバルスタンダードという掛け声のもと、欧米スタンダードな世の中の風潮に疲れている人を大勢見てきました。かくいう私もその一人でした。
　私たち日本人は、どこからどう見ても東洋人です。
　東洋人には東洋人の良さがあります。そうした東洋思想を頑に守り、そしてそれを実践して成功しているのが、華僑なのです。
　華僑たちと付き合い、華僑たちの考え方・行動に触れれば触れるほど、日本人であることの誇りが湧いてくるから不思議です。
　「はじめに」でも本文中でも述べているように、華僑は本国の勝ち組ではありません。勝ち組でない彼らが世界のお金儲けの代名詞になっているのにはワケがあるのです。

　華僑の師はいつも、習うより学べ、と「学習」について話し

ています。

　習うとは、「知る→やる→できる」という流れのことを指します。

　一方、学ぶとは、「やる→できなければ修正する→できる→継続する→知る」という流れとなります。

　読者の皆様には、ぜひともご紹介したさまざまな奥義を学んで実践できるものは活かしていただき、ご自身の素敵な人生をさらに素敵にするための一助にしていただければ幸甚です。

　最後までお読みいただきまして、誠にありがとうございました。

　読者の皆様に幸多きことを、心より祈念しております。

大城　太

大城　太（おおしろ　だい）

複数の会社経営を行うかたわら、社団法人理事長、医療法人理事、ベンチャー企業への投資を行っているビジネスオーナー。外資系損保会社、医療機器メーカーを経て独立するにあたり、華僑社会で知らない者はいないと言われる大物華僑に師事。日本人で唯一の弟子として「門外不出」の成功術を直伝される。独立後、社長１人アルバイト１人の医療機器販売会社を設立し、初年度より年商１億円を稼ぎ出す。著書は『華僑の起業ノート』（日本実業出版社）など多数。

独自の切り口が人気のメルマガ
https://daiohshiro.com/melma/
を運営している。

華僑の奥義

2019年６月１日　初版発行

著　者　大城　太　©D.Ohshiro 2019

発行者　吉田啓二

発行所　株式会社 日本実業出版社　東京都新宿区市谷本村町3‐29 〒162‐0845
　　　　　　　　　　　　　　　　　大阪市北区西天満６‐８‐１ 〒530‐0047

　　　　編集部 ☎03‐3268‐5651
　　　　営業部 ☎03‐3268‐5161　振　替　00170‐1‐25349
　　　　　　　　　　　　　　　　https://www.njg.co.jp/

印刷／厚徳社　　製本／共栄社

この本の内容についてのお問合せは、書面かFAX（03‐3268‐0832）にてお願い致します。
落丁・乱丁本は、送料小社負担にて、お取り替え致します。

ISBN 978‐4‐534‐05691‐7　Printed in JAPAN